KB035505

문재인노믹스

나라다운 나라를 위한
문재인 정부 5년의 약속

문재인
노믹스

매일경제 경제부 지음

매일경제신문사

문재인 대통령과 마주 앉아 그의 생각을 직접 들어본 것은 지난 2016년 10월 매일경제 데스크들과 만난 집단 인터뷰에서였다. 공개된 행사장에서 몇 번인가 마주친 적은 있었지만 그의 깊숙한 '생각'을 직접 들어본 것은 그때가 처음이었다. 당시 경제 관련 질문을 주로 했는데 인상 깊었던 대목이 몇 가지 있었다.

우선 경제문제, 경제정책에 대한 이해의 정도가 나름 상당한 수준이었다는 점이다. 솔직히 뜻밖이었다. '인권 변호사 출신의 직업정치인은 경제에 관심이 적을 것'이라는 필자의 편견은 인터뷰 초입부터 산산조각이 났다. 경제의 디테일한 부분에 이르기까지 스스로의 생각과 해법을 명확하게 제시하고 있었다.

다음으로 인상적이었던 것은 경제문제에 대한 해법이 상당히 중도적이었다는 사실이다. 법인세 등 증세문제와 4차 산업혁명 시대를 맞아 규제를 네거티브 시스템으로 전환시켜야 한다는 대목에서 특히 그랬다. 심지어 진보진영의 트레이드마크 격인 대기업 정책마저도 중간중간 신중한 전제조건을 달고 있었다.

당시 인터뷰는 문재인 대통령의 경제정책, 일명 '문재인노믹스'에 대해 보다 진중한 이해가 필요하다는 깨달음의 계기가 됐다. 수박 겉핥기식으로 문재인노믹스에 접근해선 안 되겠다는 생각이, 국민과 독자들에게 실상을 제대로 알릴 필요가 있다는 생각이 퍼뜩 들었다. 이 책을 펴내게 된 여러 이유 가운데 하나다.

최근 몇 년 동안 일반 국민들의 삶은 더욱 고단해졌다. 학계에선 대학을 졸업한 청년들 가운데 10만 명 이상이 일자리를 구하지 못하고 있다고 추정한다. 그나마 일자리가 있는 중장년들도 내 집 마련과 자영업 창업, 교육비 부담 등 여러 이유로 빚을 마구 늘렸다. 박근혜 정부 4년간 늘어난 가계부채는 380조 원이나 돼 이명박 정부 5년 299조 원을 가볍게 압도했다. 월 20만 원으로 기초연금이 늘었지만 여전히 노인 2명 가운데 1명은 빈곤층(중위소득 50% 미만)이다. 모두가 불행한 경제 성적표다.

경제적 곤경의 이유를 온전히 박근혜노믹스의 실패 탓으로만 돌릴 수는 없을 것이다. 지금의 대한민국은 아무것도 결행할 수

문재인 대통령(오른쪽)이 2016년 10월 17일 오후 서울 중구 퇴계로 매경미디어센터에서 서양원 매일경제신문 편집국장(왼쪽 둘째), 박정철 정치부장, 이진우 경제부장과 함께 집단 인터뷰를 하고 있다.

없는 불능국가不能國家로 전락했다. 지난 십수년 동안 전반적인 국가 시스템이 경쟁과 변화를 거부하는 쪽으로 개악改惡을 거듭해왔기 때문이다.

켜켜이 쌓인 국내외 현안을 맞아 한국이 국가 차원에서 해결책을 결심하고, 집요하게 밀어붙여 거둔 성과가 무엇이 있었는지 생각해보면 답이 나온다. 지난 십수년 동안은 거의 없다고 봐야한다. 그저 변화를 거부하는 시스템을 핑계 삼아 시간을 보내며 요행을 바랐을 뿐이다. 지금 대한민국을 괴롭히는 문제들은 근본적 해결을 회피한 채 시간만 질질 끌다가 더 악화된 것들이 대부분이다. 이를테면 양극화, 저출산, 내수침체 등이 그런 허송세월의 대가다. 이런 시스템적인 결함을 무시하고 경제 실패를 특정 정권 탓으로만 돌리는 것은 엉뚱한 과녁을 노리는 화살처럼 허망할뿐더러 합리적이지도 않다.

그럼에도 불구하고 경제정책은 여전히 중요하다. 많은 국민들의 불행을 해결하지 못했다는 점에서 경제정책을 수립하고 집행하는 정부의 책임이 결코 가벼울 수는 없다.

그런 측면에서 경제정책의 최대 화두를 '사람'으로 정한 문재인 대통령의 경제정책은 자못 의미심장하다. 오작동이 빈발하는 기존의 관행, 기존의 시스템에 기대지 않고 정책의 최종 수혜자인 사람, 국민에게 직접 다가서겠다는 의미를 담고 있기 때문이다. 대한민국 헌법 제10조는 "모든 국민은 인간으로서의 존엄과 가치를 가지며, 행복을 추구할 권리를 가진다"고 명시하고 있다. 문 대통령은 이 같은 헌법 정신을 구현한다는 의미로 '사람중심 경제를 통한 국민성장'을 경제 비전으로 제시했다.

문 대통령은 "사람에게 투자해 기업과 국가의 경쟁력을 살리는 사람중심의 경제성장 구조로 바꾸겠다"며 "사람에 대한 투자는 비용이 아니라 혁신과 공정경제의 기본 인프라"라고 강조해왔다. 핵심은 보육, 교육, 안전 등 인간다운 삶과 직결되는 일자리를 늘리고, 중소기업과 골목상권을 보호해 소득 양극화를 줄이며, 사교육비·육아 부담 등을 줄여 서민의 삶이 나아지도록 하겠다는 것이다.

제대로 작동하지 않는 시스템에 대한 대개조 역시 문재인노믹스의 또 다른 특징이다. 과도한 규제를 줄이고 대기업 준조세를 없애는 등 경제 분야 '적폐' 청산에 방점을 찍고 있다.

지난 대선기간 동안 문 대통령의 경제특보이자 더문캠의 비상경제대책단장을 맡았던 이용섭 전 의원은 한국 경제를 "겉으로는 풍채가 그럴듯해 보이지만 병病 주머니를 차고 사는 환자"로 표현했다. 그러면서 병이 자연치유 능력을 초과하는 상황이라면 외과수술을 포함한 적극적인 치료가 불가피하다고 강조했다. 그러한 치료와 복원의 구상들이 매일경제 경제부가 펴낸 《문재인노믹스》에 집대성돼 있다.

이 책에서는 문 대통령의 '사람중심 경제'를 그의 핵심 키워드인 성장·공정·국민으로 나눠 낱낱이 해부한다.

파트 1 '성장' 편에서는 대선 과정에서 논란이 일었던 공공 일자리 81만 개 늘리기의 실체가 무엇이고 실현 가능한지 점검한다. 대선의 강력한 경쟁주자였던 안철수 후보가 트레이드마크처럼 내세웠던 '4차 산업혁명' 분야에서 문 대통령이 구체적으로 던진 정책은 무엇인지도 자세히 소개한다. 대기업보다는 중소기업 성장을 지원하고, 지역 특화 전략으로 지방 경제를 키우는 구체적인 방안을 살펴본다.

파트 2 '공정' 편에서는 과거 재벌·대기업의 잘못된 관행을 없애기 위해 소액주주와 소비자 권리를 강화하는 정책이 어떻게 구현될지 짚어본다. 또 한계 상황으로 몰린 수많은 소상공인·자영업자를 보호하기 위한 정책과 1,300조 원이 넘는 가계부채를 줄이기 위한 비법이 무엇인지도 소개한다.

파트 3 '국민' 편에서는 사교육비·통신비·교통비와 육아부담 줄이기, 미세먼지 감축과 제2의 메르스·세월호 사태 방지 등 국민의 일상생활을 개선하는 것과 직결된 정책을 경제적인 시각에서 풀어본다.

끝으로 이 책의 '부록'과 같은 성격의 마지막 파트 4에서는 문재인 경제정책을 이끌 핵심 인물들을 소개하고, 경제 전문가들이 짚어본 바람직한 경제정책 방향을 분야별로 소개한다.

문재인 대통령 공약을 그대로 실천할 경우 2017년 400조 원 국가 예산이 5년 뒤인 2022년에는 562조 원으로 늘어나고, 2018년부터 5년간 총 242조 원이 더 필요하다는 추산이 나온다. 당선 직후부터 '공약은 공약이고, 정책은 정책이다'란 목소리가 불거진 이유다. 대통령이 누가 되더라도 자기만의 정책을 관철하기 어렵다는 정치현실도 마찬가지다. 문 대통령에게도 넘어야 할 장애물로 남아 있다. 쟁점 법안은 재적의원 5분의 3 이상이 동의

해야만 본회의 상정이 가능한 국회선진화법 때문이다. 이러한 장벽을 돌파하려면 과점Oligopoly을 이룬 정치세력들의 도움이 필수적인데, 그 정책의 변질이 불가피하다.

그러나 모든 것을 부정적으로 바라볼 때 문제해결은 불가능해지기 마련이다. 어차피 처음부터 완전한 정책은 없다. 민생에 직결되는 경제정책은 특히 그러하다. 부작용을 고쳐가며 허점을 줄이고 진화하는 것이 정책이다. 문재인노믹스도 마찬가지다. 변화를 시도하는 것만으로도 의미가 가볍지 않다.

부디 이 책이 문재인 정부 경제정책에 대한 독자들의 이해를 높이고 생산적·발전적 논의가 이뤄지는 계기가 되기를 바란다. 선거 후 최대한 빨리 독자들에게 다가가기 위해 급히 책을 내다 보니 군데군데 미흡한 점이 있음을 미리 고백한다. 훗날 보완의 기회가 있기를 기대한다.

끝으로 바쁜 취재활동 중에 틈을 내 촉박한 원고마감을 맞춰 준 〈매일경제〉 후배 기자들에게 심심한 감사의 뜻을 전한다.

매일경제 경제부장 이진우

PART 02 공정

성장

일자리가 경제이자 복지

2017년 현재 한국 경제의 화두는 단연코 '일자리'다.

1990년대 중반까지만 해도 연평균 7~8%대 고성장 시기였다. 당시 사람들은 일할 기회를 비교적 손쉽게 얻을 수 있었다. 대학교를 졸업한 학생은 무난하게 대기업에 취직했으며 고졸이어도 제조현장·건설현장에 취업할 경우 대기업 80% 수준의 임금을 보장받았다.

하지만 1997년 외환위기, 2008년 글로벌 금융위기 등을 겪으면서 상황이 180도 달라졌다. 경제성장률이 떨어지다 보니 기업은 투자를 꺼리게 됐고 그만큼 새로 만들어지는 일자리는 점점 줄어들었다.

학계 등에 따르면 매년 10만 명 이상의 대졸 청년이 일자리를 구하지 못하는 현상이 벌어지고 있다. 현대경제연구원에 따르면 노동시장에 아직 진입하지 못한 청년층 중 34.2%가 '사실상 실업자'인 상황이다. 여기에 기존 제조업 위주 산업구조가 '재편'되면서 기존 노동자들도 직장에서 쫓겨나고 있다. 이미 대규모 감원 바람이 불고 있는 은행권, 업황 불황으로 줄도산 위기에 처한 조선·해운업 등이 대표적이다. 청년층뿐만 아니라 중장년층까지 모두 '고용불안'으로 내몰리고 있는 상황인 셈이다.

이를 타개하고자 문재인 대통령은 후보 시절부터 '일자리'를 강조하며 갖가지 정책을 쏟아냈다. 문 대통령의 일자리 정책은 크게 세 가지다.

기본 얼개가 짜인 것은 2017년 1월 18일. 당시 문재인 대통령 후보는 '일자리가 경제이고 복지입니다'라는 캐치프레이즈를 내걸며 대한민국 바로 세우기 제4차 포럼 기조연설에서 81만 개 공공부문 일자리 창출과, 노동시간 단축을 통한 50만 개 일자리 창출, 그리고 비정규직 격차 해소라는 큰 비전을 제시했다.

앞의 두 가지가 '새로운 일자리'를 만드는 것이라면 마지막 격차 해소 부문은 기존 일자리 간 '불평등'을 해소하는 데 초점이 맞춰져 있다. 다시 말해 총량(파이)을 늘리면서 총량 내에서의 분배 또한 교정해서 모두가 잘사는 나라를 만들겠다는 것이다.

공공부문 중심 일자리 81만 개 만든다

공공부문 81만 개 일자리 창출을 살펴보면 크게 세 부분으로 나뉜다. 공무원(17만 개), 사회서비스 일자리(34만 개), 그리고 공공기관이 민간에 용역을 준 일자리(30만 개)가 그것이다.

우선 공무원 부문에서 핵심은 소방·치안 서비스 인력 확충이다. 소방공무원은 1만 7,000명이 확충된다. 문 대통령은 당시 기조연설을 통해 "2교대하던 인원이 그대로 3교대로 전환되니 소방차와 119 구조차량의 탑승인원조차 채우지 못하고 있다"면서 "지난여름(2016년 여름) 울산 물난리 때 순직한 소방관은 구급업무 담당인데 인원 부족으로 구조업무에 투입됐다가 안타까운 변을 당했다. 부족한 인원을 지체 없이 신규 채용하고 더 늘려나가겠다"고 밝혔다.

경찰 공무원도 늘어난다. 현재 우리나라는 의무경찰제도(군복무 대체)를 통해 매년 약 1만 6,700명의 청년을 일선 경찰서에 배치하고 있다. 이들은 과격 시위현장에서 방패막이 역할을 하거나 혹은 각종 경찰서 내 행정잡무들을 맡고 있다. 문 대통령은 "병역자원 부족을 해소하고 민생치안을 강화하기 위해 의무경찰을 폐지하고 연간 선발규모 1만 6,700명을 대체하는 정규경찰을 신규 충원하겠다"고 밝혔다.

이외에도 문 대통령은 교사, 복지공무원 등 일자리를 확충하겠다고 밝혔다. '철밥통'이라 인식되는 일반 행정공무원을 늘리는 게 아니라 국민이 생활 속에서 체감할 수 있는 행정서비스를 제공하는 소방, 경찰, 복지 공무원 등을 늘리겠다는 것이다.

그 다음이 바로 보육, 복지, 의료와 관련된 사회서비스 일자리 34만 개다. 문 대통령 측은 가칭 '사회서비스공단'을 설치해 민간 영역의 사회서비스 일자리 34만 개를 공공부문으로 흡수하는 방안을 고려하고 있다. 청소·경비 등 간접고용 비정규직을 공공기관 무기계약직으로 직접 고용하는 방안도 검토 중이다.

이에 대해선 발표 초기에 논란이 많았다. 기존 민간어린이집에 근무하는 보육교사를 국가가 직접 고용하게 되면 기존 사업자들이 모두 고사하는 것 아니냐는 의구심 때문이다. 이에 대해 문 대통령은 후보 시절 한 언론사와의 인터뷰에서 "공공서비스 일자리는 모두 신규창출이다. 가령 어린이집이나 민간에 위탁된 일자리를 공공서비스로 전환하는 것이 아니라, 신규로 짓는 국공립어린이집에서의 신규고용 혹은 기존 국공립어린이집에서 추가로 고용하는 일자리다"라고 못을 박은 바 있다. 문재인 캠프 홍종학 정책본부장 역시 "국공립 병원·보육시설 등을 지어 사람을 새로 뽑는 등의 방식이기 때문에 신규 창출로 볼 수 있다"고 했다.

사회서비스공단 등을 통한 국가의 직접고용 모델은 정치권(특히 더불어민주당과 국민의당 등 야권)에서 항상 논의돼 왔다. 예를 들어 처

문재인 대통령이 2017년 2월 21일 오전 서울 용산구 용산우체국에서 간담회를 마치고 '공공기관 장시간 중 노동 현장을 가다'의 일환으로 집배원 체험을 하고 있다.

우가 열악한 보육교사 수를 늘리고 이들의 근로조건을 개선해
야 보육의 질이 높아지고 결과적으로 저출산 문제를 해결할 수
있기 때문이다. 한 야권 관계자는 "서비스공단을 통해 월 250만
원가량의 소득을 보장해준다면 보육교사를 하려는 젊은이들이
늘어날 것"이라며 "보육이 국가가 보장해줘야 할 인프라라는 점
에서 이번 정책은 긍정적"이라고 밝혔다.

이외에도 문 대통령은 공공기관이 민간에 용역을 준 일자리
30만 개를 공공부문으로 전환하겠다고 밝혔다. 공공부문에서

외주를 준 청소 등의 업무를 하는 근로자가 고용보장이 되는 공공부문으로 대거 흡수될 것으로 보인다.

이같이 문 대통령이 '공공부문 일자리'를 강조하는 것은 경제협력개발기구OECD 기준 공공부문 일자리가 아직 턱없이 부족하기 때문이다. 그는 "현재 국민의 생활안정, 의료, 교육, 보육, 복지 등을 책임지는 공공부문 일자리가 전체고용에서 차지하는 비율을 보면, OECD 국가 평균이 21.3%인 데 비해 우리나라는 7.6%밖에 안 된다. OECD 국가 평균의 3분의 1 수준"이라며 "공공부문 일자리 비율을 3% 올려서 OECD 평균의 반만 돼도 공공부문 일자리 81만 개를 만들어낼 수 있다"고 밝혔다.

문제는 일자리에 들어갈 나랏돈이다. 문 대통령 측은 대략 21조 5,050억 원이 소요될 것이라고 보고 있다. 공무원 증원의 경우 병역필 남성 기준 7급 7호봉으로 신규채용하면 1인당 초봉 3,400만 원(사회보험료 부과비용 포함)이 들 것이라는 가정하에 이 같은 수치가 계산됐다.

하지만 반대 측에서는 '현실성 없는 셈법'이라는 주장이 제기된다. 우선 재원으로 계산된 21조 5,050억 원이 문 대통령 재임기인 5년간만 해당돼서 향후 호봉제 등으로 오르는 공무원 임금, 그리고 이에 연동되는 공무원 연금까지 계산하면 재원이 '눈덩이처럼 불어날 수 있다'는 지적이다. 박병원 한국경영자총협회 회장은 2017년 3월 9일 서울 소공동 웨스틴조선호텔에서 열린 전국 최고경영자CEO 연찬회에서 "돈 벌어서 세금 내는 일자리가 늘어나지 않는데 돈을 쓰는 일자리가 얼마나 오래 지탱할 수 있겠느냐"고 지적했다.

하지만 문 대통령은 예산은 전혀 문제가 되지 않을 것이란 입장이다. 그는 "이명박 정부가 4대강 사업으로 강바닥에 쏟아부은 국가예산 22조 원이면, 연봉 2,200만 원짜리 일자리를 100만 개 만든다"며 "재정운영 우선순위 문제일 뿐 재원이 문제는 아니다"고 밝혔다. 미래에 꼭 필요한 사회복지나 소방공무원 등을 중심으로 일자리를 늘리는 것이기 때문에 오히려 사회안전망을 튼튼히 한다는 점에서 '지속가능한 투자'라는 것이다. 아울러 그는 "재원은 재정개혁과 조세개혁 그리고 17조 원에 달하는 기존 일자리 사업예산 조정을 통해 신규창출된 일자리가 지속적으로 유지될 수 있도록 하겠다"라고 덧붙였다(《한겨레》 인터뷰, 2017. 4. 10.).

노동시간 단축해 일자리 50만 개 창출

아울러 문 대통령은 일자리 늘리기 방안으로 '근로시간 단축'을 단행할 계획이다. 그는 "노동법은 연장노동을 포함한 노동시간을 주 52시간 내로 규정하고 있지만 이명박·박근혜 정부는 토·일요일 노동을 별도인양 왜곡해 주 68시간 노동을 허용했다"

며 "법정 노동시간만 준수해도 근로시간 특례업종까지 포함해 20만 4,000여 개, 연차휴가만 다 써도 30만 개의 일자리가 만들어진다"고 했다. 다시 말해 근로시간 단축을 통해 일자리를 나누면 20만 개 일자리, 그리고 휴가를 의무적으로 쓰게 하면 30만 개 일자리를 새로 만들 수 있다는 이야기다.

우선 근로시간부터 살펴보자. 현재 우리나라는 일주일에 최장 68시간까지 일을 할 수 있다. 근로기준법상으로는 52시간까지 허용가능하지만 '1주에 주말은 포함되지 않는다'는 고용부 행정해석에 따라 주말 이틀간 연장근로 16시간(하루에 8시간)을 추가로 할 수 있기 때문이다. 이 때문에 우리나라 근로자 1인당 연간 근로시간은 2,124시간(OECD, 2014년 기준)으로 멕시코에 이어 OECD 국가 중 2위를 기록하고 있다. OECD 평균은 1,770시간 정도다. OECD 평균 수준으로 가기 위해선 현재 근로시간의 16%를 줄여야 한다.

이에 대해 문 대통령은 〈한겨레〉와의 인터뷰에서 "현재 법정 근로시간의 최장한도를 판단하는 대법원 판결이 선고를 남겨두고 있는 상황이다"라며 "만약 대법원 판결이 나온 뒤에도 국회가 대안을 만들지 못하는 상황이라면 행정부가 근로시간 단축에 관한 기존지침을 폐기하고, 정부지원을 위한 종합대책을 만들어 우선 시행해야 한다"고 밝혔다. 실제로 노동계 관계자들에 따르면 최근 하급심의 판단은 '주말까지 1주일로 포함해 52시간이 정당하다'는 것이다. 결국 문 대통령의 말은 어차피 법원 판례로 인해 근로시간 단축이 시행될 것이고 이를 사후적으로 국회가 입법화해서 뒷받침해야 하는데 만일 국회 환경노동위원회(환노위)에서 이 같은 내용을 포함한 근로기준법 개정안을 만들지 못하면 정부 행정지침(1주에 주말은 포함되지 않는다)이라도 바꿔서 근로시간 단축을 앞당기겠다는 것이다.

사실 근로시간은 매우 지난한 갈등의 역사를 내포하고 있다. 우리나라 중소기업은 인력난에 시달리고 있는 와중에 그나마 '주말근무'를 통해 허덕이며 생산을 하고 있는 상황이다. 신규로 1명을 고용해 노무관리를 하는 것보다는 기존 노동자에게 추가급여(주말급여는 보통 기본급의 1.5~2배)를 주는 게 기업 입장에서 '남는 장사'이기 때문이다. 기본급이 적은 중소기업 종사자 역시 이 같은 주말근무를 용인하면서 생계를 이어왔다.

고용부 관계자는 "조사 결과 근로시간을 68시간에서 52시간으로 급격히 단축시킬 경우 2교대 생산라인에 근무하는 중소기업 종사자는 월급이 약 20%가량 깎인다"고 밝혔다. 이에 지난 2015년 9월 15일 노사정협의회는 근로시간 단축과 관련된 다음과 같은 대타협에 도달한 바 있다.

먼저 68시간에서 52시간으로 근로시간을 단축하되(1주일에 주말도 포함) 일선 사업장(특히 중소기업)의 혼란을 방지하기 위해 4년간 한시적으로 '특별연장근로(주말 8시간)'를 허용한다. 다시 말해 68

시간에서 52시간으로 급격히 줄이기보다는 한시적으로 60시간이라는 '징검다리'를 만들자는 것이다. 또 사업장 규모별로 차등화해서 52시간 근로시간을 적용하고 4년 후 경영환경에 맞춰 허용했던 특별연장근로를 계속 이어갈지 아니면 폐지할지를 논의하자는 것이 핵심 골자다.

하지만 이 같은 절충안은 당시 정부와 여당(새누리당)이 파견법, 기간제법 등을 강행하다가 노사정위가 결렬되면서 흐지부지됐다. 이후 국회 환노위 차원에서 2017년 3월 말 '300인 이하 기업은 4년간 형사처벌 유예'라는 당근을 제시하며 근로시간을 68시간에서 52시간으로 단축시키는 안을 잠정합의했지만 결국 논란 끝에 이마저 부결됐다. 노사정위 관계자는 "어차피 대법원 판결로 근로시간 단축은 시대적 흐름이 될 것"이라며 "국회 환노위 안은 형사처벌은 유예하지만 민사상 손해배상을 청구할 수 있어 기업 입장에서는 부담이 됐다. 지난 2015년 노사정대타협 합의안을 존중해 특별연장근로를 허용하는 절충안으로 국회가 논의를 했어야 했다"고 지적했다.

이 같은 상황에서 문 대통령의 '고용부 행정지침 폐기' 발언은 원론적으로 '68시간 → 52시간'이 맞다는 것을 정부 차원에서 공식화해 근로시간 단축 논의에 더욱 불을 지피겠다는 것으로 해석된다. 특히 문 대통령은 이를 통해 약 20만 개 일자리를 창출할 수 있다고 밝혀 근로시간 단축을 통한 일자리 나누기가 현실화할지 관심이 모아지고 있다.

이와 관련해 노동연구원은 지난 2015년 9월 보고서를 통해 운수업, 영화제작 등 근로시간 특례적용이 되는 업종을 제외하고 52시간으로 근로시간을 단축할 경우 약 30만 개 일자리를 창출할 수 있다고 밝혔다. '근로시간 단축을 통한 추가 고용론'이 현실성 있는 주장이라는 것이다. 문 대통령은 "노동시간 단축에 따라 신규채용이 이루어질 경우 중소기업에 대해 정부지원방안을 마련할 것이다"라며 "국내·외 여러 사례에서 볼 때, 노동자가 근로시간을 단축하고 가족과 직장의 균형을 갖추는 삶을 찾은 경우 생산성이 더 높아지는 결과를 볼 수 있다. 경영계도 이러한 변화 방향에 동참하도록 설득하고 국민적 합의를 만들어나가겠다"고 밝혔다(〈한겨레〉 인터뷰, 2017. 4. 10.).

아울러 '연차휴가'를 통한 일자리 나누기도 공약으로 만들어졌다. 문 대통령은 일자리 정책을 첫 발표한 2017년 1월 실제 사례를 들면서 근로시간 단축 필요성을 역설했다. 그에 따르면 할리데이비슨코리아는 초등학교 입학자녀를 둔 직원에게 취학일 전후로 특별 유급휴가 2개월을 준다. 아울러 취학 전 아동을 둔 직원은 금요일에 4시간 조기퇴근, 임신한 직원은 2시간 조기퇴근을 시행하고 자녀를 둔 남자 직원이 아이들과 함께 여행할 수 있도록 비용을 전액 지원한다. 덕분에 직원들은 출산과 보육에 대한 걱정을 덜면서 일에 더 집중할 수 있게 되었고 그만큼 생산성이 향상됐다.

문 대통령은 "어린아이를 키우는 엄마, 아빠의 늦은 출근과 조기 퇴근은, 아이를 국가와 사회가 함께 키운다고 생각한다면 충분히 도입할 수 있는 제도"라며 "중소기업의 부담에 대해서는 정부가 지원할 것"이라고 밝혔다.

이를 위해 문 대통령은 '휴가'와 '유연근무제'를 강조한다. 노동연구원에 따르면 현재 우리나라 근로자의 평균 연차휴가 부여일수는 14.7일, 사용일수는 9.9일로 소진율이 67% 정도다. 연차휴가를 소진하지 않는 사유는 '대체 인력 확보가 어려워서'가 41%, '근로자가 수당을 확보하기 위해'가 31%를 차지하고 있는데, 미소진 연차휴가에 대해 수당을 지급하는 사업체의 비중이 58%에 이르고 있다. 반면 탄력근로시간제, 선택근로시간제, 재량근로시간제 등 유연근로시간제를 알고 있는 사업체의 비중은 63~73%로 나타나지만, 실제 이를 실시하는 사업체의 비중은 3~9%에 불과한 실정이다.

휴가를 모두 소진하고 유연근무제를 도입할 경우 사람들이 휴가를 갈 수 있어 '소비'가 늘어나게 되고, 빈자리를 메우기 위해 추가적으로 30만 개 일자리를 창출할 수 있다는 것이 문 대통령의 주장이다. 그는 "국제노동기구ILO 협약에 정해진 대로 노동자들이 연차휴가를 다 사용하도록 의무화하겠다"고 밝혔다.

중소기업 임금, 대기업 80% 수준까지 올린다

현재 우리나라는 대기업·공공부문 정규직과 중소기업 비정규직의 임금격차가 매우 크다. 고용노동부에 따르면 대기업 정규직이 100을 벌 때 중소기업 비정규직은 고작 48을 벌었다. 다시 말해 대기업·공공부문 정규직 위주로 노동시장 구조가 짜이면서 비용을 줄이려는 사측이 사내하도급, 사내하청, 불법파견 등을 통해 비정규직을 대거 제조현장에 들여왔고 이로 인해 동일한 노동을 함에도 불구하고 임금격차가 2배가량 나게 되었다는 것이다. 문 대통령은 후보 시절 이에 대해 "노동 쪽으로 보면 임금에서 대기업과 중소기업, 정규직과 비정규직의 격차가 지나치다"면서 "이것을 완화하는 쪽으로 전환하려면 대기업 노조들의 양보나 고통 분담도 필요하다고 생각한다"고 말한 바 있다.

그렇다면 이 같은 격차를 해소하기 위해 어떻게 해야 할까. 문 대통령은 우선 대기업과 중소기업이 서로 상생할 수 있는 '광주형 일자리' 모델이 대안이라고 말한다.

그는 지난 2016년 10월 〈매일경제〉와 인터뷰하며 "기존 자동차 업체의 평균 임금이 8,000만 원 선이라면, 광주형 일자리 모델에서는 4,000~5,000만 원 선으로 낮췄다. 자동차 100만 대 생산 도시라는 걸 통해서 광주 경제를 살릴 수 있고, 광주 지역 일

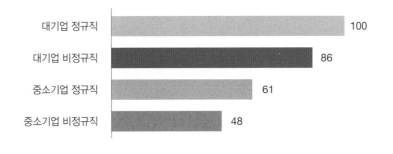

시간당 임금수준

단위 : %

대기업 정규직 ████████████ 100
대기업 비정규직 ████████████ 86
중소기업 정규직 ████████ 61
중소기업 비정규직 ██████ 48

*대기업 정규직을 100으로 봤을 때 상대 수준.
자료 : 고용노동부

자리가 늘어날 수 있다는 인식하에 만들어낸 윈윈 구조다"라고 밝혔다.

광주형 일자리란 지역과 산업차원에서 기존 정규직 고임금(평균 연봉 1억 원) 구조를 타파하고 '중간 수준'(4,000~5,000만 원) 일자리를 대거 만드는 것을 의미한다. 높은 임금과 해고가 쉽지 않은 환경 속에서 경영계가 너도나도 한국을 떠나고 있는 상황인데 광주형 일자리는 '적정임금'을 통해 기업 부담을 덜어줘 그만큼 일자리를 더 많이 만든다는 전략이다. 현재 노동계 내에서도 개별 사업장 단위 노동투쟁을 넘어서 상생을 위한 '협업모델'로서 그리

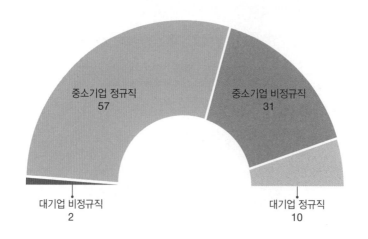

근로자 비중

단위 : %

중소기업 정규직
57

중소기업 비정규직
31

대기업 비정규직
2

대기업 정규직
10

자료 : 고용노동부

고 자본소득과 근로소득 간 접점을 찾을 수 있다는 '현실론'으로
서 조명 받고 있다.

　아울러 문 대통령은 비정규직을 줄이겠다고 밝혔다. 그는 "간
접고용 영역에서도 비정규직이 남용되고 있는 만큼 제한이 필
요하다. 파견법에 허용된 일시간헐업무에 대한 근로자 파견이
남용되고 있는데, 이 부분에 대해서도 원칙을 분명히 할 필요가
있다. 특히 국민의 생명안전업무나 근로자의 위해위험업무는

문재인 대통령이 2015년 11월 19일 오후 서울시청 시민청 바스락홀에서 청년지원정책과 관련해 청년들과 의견을 나누기 위해 열린 '고단한 미생들과의 간담회'에서 박원순 서울시장과 함께 참석해 청년들의 이야기를 듣고 있다.

정규직 고용을 원칙으로 해야 한다"고 밝혔다. 이에 따라 불법 파견 등의 문제에 있어 문재인 정부는 보다 강경한 자세를 취할 것으로 보인다.

아울러 문 대통령은 대기업과 공공부문의 간접고용 형태 사내 하청에 대해 원청기업이 공동고용주의 책임을 지도록 법을 정비하고 정규직 고용과 근로조건, 산업안전, 노조교섭에까지 공동으로 책임지도록 하겠다고 밝혔다.

문 대통령은 최저임금 1만 원 달성을 약속하고 있다. 안철수 전 대통령 후보가 "2022년까지 최저임금 1만 원"이라고 밝힌 반면, 문 대통령은 이보다 앞서 2020년까지 최저임금 1만 원을 달성하겠다고 밝혔다. 그는 "근로시간 단축 최저임금 1만 원 공약을 실현하겠다. 중소기업, 저임금에 의존하는 자영업자나 영세사업장은 부담이 있을 수 있으니 그에 대한 지원책도 병행하겠다"고 밝혔다. 이로 인해 최근 3~4년간 7%대 이상 상승률을 보인 최저임금이 더욱 가파르게 오를지 주목된다.

아울러 중소기업에 대한 지원도 병행된다. 문 대통령은 후보 시절인 4월 10일 중소기업단체협의회 초청강연회에서 중소벤처기업부 신설, 중소기업 보호, 중소기업 고용 지원, 중소기업 성장 지원, 자금순환 지원, 재창업 지원 등의 중소기업 관련 공약을 발표했다.

특히 추가고용지원제도는 중소기업이 청년을 정규직으로 2명 신규채용하면 3번째 채용 땐 정부가 임금 전액을 3년간 지원하는 제도다. 1년에 5만 명 규모로 15만 명의 청년정규직 임금을 정부가 전액 지원한다.

아울러 그는 성과공유제 도입에 따른 인센티브를 강화하고 소규모 사업장이나 저임금 노동자를 대상으로 사회보험료 지원 규모도 늘리겠다고 공약했다.

문 대통령은 "지난 10년간 늘어난 일자리 중 92%는 창업기업을 포함한 중소기업이 만들었다"면서 "하지만 지금 중소기업 노동자들의 임금은 대기업 노동자의 60% 수준밖에 되지 않는다. 대기업과 중소기업이 상생하는 공정한 경제생태계를 조성해서 중소기업 노동자의 임금을 끌어올리면, 좋은 일자리가 크게 늘어날 것"이라고 밝혔다.

문재인의 말말말

- "대기업 노동자와 중소기업 노동자, 정규직과 비정규직 간 임금격차를 완화하는 쪽으로 대전환을 해야 한다. 그러려면 대기업 노조의 양보와 고통 분담도 필요하다."

  - 〈매일경제〉 인터뷰, 2016. 10. 18.

- "기존 자동차 업체의 평균 임금이 8,000만 원 선이라면, 광주형 일자리 모델에서는 4,000~5,000만 원 선으로 낮췄다. 자동차 100만 대 생산 도시라는 걸 통해서 광주 경제를 살릴 수 있고, 광주 지역 일자리가 늘어날 수 있다는 인식하에 만들어낸 윈윈 구조다."

  - 〈매일경제〉 인터뷰, 2016. 10. 18.

- "일자리가 경제이고 복지다. 공공부문 일자리 81만 개를 만들겠다. 노동시간 단축을 통해 50만 개 일자리를 창출하겠다."

  - 대한민국 바로 세우기 제4차 포럼 기조연설, 2017. 1. 18.

- "중소기업 노동자들의 임금을 대기업 노동자들의 80% 수준까지 끌어올리는 공정임금제를 실시하겠다."

  - 대한민국 바로 세우기 제4차 포럼 기조연설, 2017. 1. 18.

- "집무실에 상황판 만들어 매일 일자리를 점검할 것이다. 국가의 모든 정책과 예산을 일자리 창출과 연계하겠다."

  - 일자리위원회 기구 출범식, 2017. 3. 13.

— "오늘 이 자리에서 '일자리 혁명'을 위한 21세기 한국형 일자리 뉴딜을 제안한다. 21세기 한국형 일자리 뉴딜의 시작은 정부 주도의 공공부문 일자리 늘리기와 이를 마중물로 한 민간 일자리 늘리기다."

- 일자리위원회 기구 출범식, 2017. 3. 13.

— "주 52시간으로 근로기준법 개정 안 되면 현행 68시간 허용 행정지침(고용부 지침)을 폐기할 것이다."

- 〈한겨레〉 인터뷰, 2017. 4. 10.

— "간접고용 영역에서도 비정규직이 남용되고 있는 만큼 제한이 필요하다. 파견법에 허용된 일시간헐업무에 대한 근로자 파견이 남용되고 있는데, 이 부분에 대해서도 원칙을 분명히 할 필요가 있다. 특히 국민의 생명안전업무나 근로자의 위해위험업무는 정규직 고용을 원칙으로 해야 한다."

- 〈한겨레〉 인터뷰, 2017. 4. 10.

— "근로시간 단축 최저임금 1만 원 공약을 실현하겠다. 다만 중소기업, 저임금에 의존하는 자영업자나 영세사업장은 부담이 있을 수 있으니 그에 대한 지원책도 병행해야 한다. 기존의 예산은 현 정부가 만들어준 것이기 때문에 그 한계를 넘어설 수 있는 추가경정예산 편성이 시급하다."

- 〈머니투데이〉 인터뷰, 2017. 4. 10.

— "중소기업이 청년(15~34살) 2명을 정규직 사원으로 신규채용하면 그 이후 이어지는 세 번째 채용에 대해 정부가 임금 전액을 3년 동안 지원하겠다."

- 중소기업단체협의회 초청 강연회, 2017. 4. 10.

스펙 없는 이력서

"출신학교나 외모에 대한 편견 때문에 재능 있는 사람이 탈락되어서는 안
된다. 실력과 인성만으로 평가할 수 있는 블라인드 채용을 공공부문부터 제
도화하겠다."

문 대통령은 후보 시절인 2017년 3월 3일 '주간 문재인'을 통해 공공부문
블라인드 채용을 의무화하겠다고 밝혔다. 블라인드 채용이란 기업이 사진,
학력, 출신지, 스펙 등 이른바 '차별요인'을 이력서를 통해 물어보는 것을 금
지하는 제도다. 이는 채용과정에서 심사위원에게 첫인상을 주는 이력서가
개인의 역량이나 인성 등과 무관한 내용 위주로 돼 있다는 문제 인식에서
출발했다. 블라인드 채용을 도입하면 편견 없이 인재를 선발할 수 있다는
게 문 대통령의 판단이다.

실제로 KBS는 지난 2003년부터 5년간 블라인드 채용을 했는데 이 시기에
보통 70~80% 정도 뽑혔던 명문대 출신이 30% 이하로 줄고 지방대 출
신 합격자가 31%로 증가했다. 대표적인 예가 고민정 더불어민주당 문재인
캠프 대변인(전 KBS 아나운서)이다. 고 대변인은 경희대 중어중문학과 출신
으로 실력을 인정받아 2004년 KBS에 입사한 바 있다. 문 대통령은 "소설
《오만과 편견》을 읽으면 사람에 대한 편견이 서로의 진심을 알아보는 데 얼
마나 장애가 되는지 알 수 있다"면서 "취업시장 역시 첫인상이 중요한데 문
제는 학력 위주로 평가가 된다는 것이다. 평등한 기회와 공정한 심사를 위
해서는 출신학교나 외모에 대한 평가로 재능 있는 사람을 탈락시켜선 안 된

다"고 밝혔다. 사회 첫발을 내딛은 젊은이에게 균등하게 취업기회를 보장하기 위해서라도 블라인드 채용이 필요하다는 것이다.

이를 위해 문 대통령은 우선 대통령이 직접 나설 수 있는 '공공부문'에 대해 블라인드 채용을 의무화하겠다고 밝혔다. 2017년부터 정부가 국가직무능력표준NCS 기반 공공기관 채용을 의무화했는데 이에 더해 아예 이력서부터 '스펙'을 보지 않도록 법을 정비해나가겠다는 것이다. 이렇게 되면 앞으로 공공기관 취업준비생은 1차 이력서에 학력을 쓰지 못하고 2·3차 인적성검사 및 면접 때는 NCS에 맞춘 현장능력을 중심으로 취업을 준비해야 한다. 따라서 소위 '학점과 영어점수'를 잘 챙긴 명문대 학생들보다는 현장실습 경험이 많은 마이스터고 출신 등이 공공기관에 입사하는 데 더욱 유리해질 것으로 보인다. 문 대통령은 "가면을 쓰고 노래를 부르는 〈복면가왕〉이라는 TV프로그램이 있는데, 막상 실력자가 아이돌일 경우 시청자가 놀란다"면서 "이는 '아이돌이면 노래실력이 뒤처질 것'이라는 편견에 기초해 있다. 이 같은 편견을 없애면 비명문대나 지방대도 당당히 경쟁에서 이길 수 있다"고 밝혔다.

아울러 문 대통령은 '블라인드 채용'을 민간기업에도 확산시킬 예정이다. 현재 기업 5곳 중 1곳이 채용 시 부모 배경을 묻는 등 실제 지원자 능력을 점검하는 것과 무관한 사항을 묻는데, 앞으로 법 제도 정비 및 문화 확산을 통해 '불합리한 이력서'를 없애겠다는 것이다. 문 대통령은 "공공부문 블라인드 채용을 통해 학력차별, 지역차별을 줄이면 민간기업도 따라올 것"이라며 "채용방식만 바꿔도 사회정의를 앞당길 수 있다"고 밝혔다.

비정규직의 눈물

"미래를 꿈꾸면서 안심하고 살 수 있는 좋은 일자리를 만들기 위해 상시적으로 일하는 비정규직을 정규직으로 전환, 민간기업의 '동일가치노동 동일임금' 법제화를 약속한다." 문 대통령은 후보 시절인 2017년 3월 3일 '주간 문재인'을 통해 비정규직 차별을 해소하겠다고 밝혔다.

우리 사회 비정규직 문제는 매우 심각한 수준이다. 노동연구원에 따르면 2015년 8월 기준 비정규직 규모는 627만 명으로 전체 임금근로자의 32.5%를 차지하고 있다. 3명 중 1명꼴로 비정규직인 셈이다. 이들의 평균 근속년수는 2년 6개월밖에 안 된다. 또한 월평균 임금을 보면 2015년 정규직은 269.6만 원인 데 비해 비정규직은 146.7만 원으로 거의 절반 수준이다. 이마저도 상여금을 받는 설 명절이 끼는 달에는 격차가 더 벌어진다.

고용노동부가 발표한 '2월 사업체노동력 조사'에 따르면 2017년 1월 5인 이상 사업체에 근무하는 상용직 1인당 월평균 임금총액은 434만 원으로 임시·일용직(157만 원)의 2.7배에 달했다. 다시 말해 비정규직은 '고용불안'에 시달리면서 동시에 '임금'에서도 차별을 받고 있는 셈이다. 이에 문 대통령은 두 가지 방안을 제시한다.

우선 공공부문에 있어서는 상시적으로 일하는 인력 중 비정규직인 사람을 정규직으로 전환한다. 문 대통령은 "2017년 초 국회 청소노동자들이 모두 정규직으로 전환됐다는 기쁜 소식을 들었다"면서 "이처럼 상시업무를 맡는 비정규직을 정규직으로 모두 전환하겠다"고 밝혔다.

아울러 민간기업 비정규직도 정규직화할 예정이다. 이를 위해 문 대통령은 '동일노동 동일임금'을 법제화해 불법파견 등을 통한 '단가 후려치기'를 근본적으로 해결하겠다고 밝혔다. 그는 "10대 재벌기업에 근무하는 사내 하청 49만 명 중 40만 명이 불법파견에 해당된다"면서 "이것만 바로 잡아도 좋은 일자리 40만 개가 늘어날 것"이라고 밝혔다.

이와 관련해 나오는 논의가 바로 '직무급' 제도다. 독일의 경우 노사가 산업별로 합의를 보면서 '직무' 등급에 따른 적정임금을 매기고 대기업, 중소기업 관계없이 이를 기반으로 근로자에게 임금을 지불한다. 가령 용접 등 힘든 일을 하는 사람에게 월 400만 원을 지급한다고 하면 상대적으로 덜 힘든 사무직에겐 300만 원을 지급하는 식이다. 이런 식으로 '숙련도'에 맞게 직무급을 세분화하면 그 사람이 대기업에 다니든 중소기업에 다니든 그 사람이 제공하는 '노동력'에 비례해 임금을 받을 수 있게 된다.

박근혜 정권에서는 '성과연봉제'를 밀어붙였는데 사실 임금개혁의 본질은 '동일노동 동일임금'이라는 직무급 체제고, 같은 직무 내에서 열심히 성과를 낸 사람에게 인센티브를 주는 방향으로 나아가야 한다는 것이 노동 전문가들의 의견이다.

문 대통령은 "직업엔 귀천이 없지만 좋은 일자리와 나쁜 일자리는 있다"면서 "비정규직은 나쁜 일자리. 일하는 사람을 차별하는 나쁜 일자리가 아니라 미래를 꿈꾸며 안심하고 살 수 있는 좋은 일자리를 만들겠다"고 밝혔다.

기업에 청년고용 할당한다고?

문 대통령이 갈수록 심각해지는 청년실업 문제를 해결하기 위해 '청년고용할당제'라는 극약처방을 들고 나왔다. 기업에 일정 비율 이상은 무조건 청년을 고용하라고 의무화한다는 것인데 기업 자율의 영역인 채용까지 국가가 개입하는 것이어서 향후 논란이 빚어질 것으로 보인다.

문 대통령은 2020년까지 3년간 한시적으로 청년고용의무할당제를 적용하겠다고 밝혔다. 우선 공공부문은 현재 해당제도를 시행하고 있는데 이를 3%에서 5%로 확대한다. 그리고 민간기업은 규모별로 차등 추진된다. 가령 300인 이상의 경우 3%, 500인 이상은 4%, 그리고 1,000인 이상은 5%가 청년을 고용해야 한다. 문 대통령은 "의무 고용제를 성실히 이행한 기관·기업에게는 인센티브를 부여할 계획"이라며 "불이행 기업에게는 고용분담금을 부과하겠다"고 밝혔다. 세금 등을 통해 민간기업에 종사하는 청년 비율을 높이겠다는 것이다.

이는 벨기에의 '로제타 플랜'에서 따왔다. 로제타 플랜은 1999년 정부가 청년실업을 해결하기 위해 종업원 50명 이상 사업장에서 의무적으로 고용인원의 최소 3%를 26세 이상 청년들로 고용하도록 한 제도다. 미이행 시 벌금을 부과하는 등의 방식으로 시행 첫 해 5만 건의 고용 계약을 이끌어냈다.

문제는 실효성이다. 벨기에의 경우 잠시 청년실업률을 하락시켰지만 수혜 청년층에게 '저능력자'라는 사회적 낙인이 찍히게 됐다. 실제로 로제타 플랜에 의해 만들어진 일자리의 약 35%는 저학력 일자리로 양질의 일자리를 늘리는 효과는 거의 없다는 분석이다. 이로 인해 벨기에는 2004년 해당 제도를 폐지하게 된다. 권태신 한국경제연구원 원장은 "청년고용의무할당제는 기업경영의 자율성을 훼손하고, 필요치 않은 청년의무고용은 결국 다른 연령층의 일자리 축소로 연결돼 전체 고용 자체는 증가하지 않을 가능성이 크다"고 주장했다.

이외에도 문 대통령은 청년구직촉진수당을 도입하겠다고 밝혔다. 고용보험에 미가입한 취업준비생(청년 니트NEET 포함, 18~34세)이 중앙·지방정부의 공공 고용서비스에 참여해 구직활동을 할 경우 일정액을 지급하는 것이 골자다. 고용노동부가 취업성공패키지 제도를 통해 만34세 미만 청년이 구직활동을 할 경우 월 20만 원씩 지원금을 주고 있는데, 이를 보다 확대하겠다는 것이다. 청년들이 구직활동에 전념할 수 있고 또 교육비, 정장대여, 사진촬영 등에 해당 지원금을 활용할 수 있어 취지는 좋다는 평이다. 다만 구직촉진과 취업활동으로 연평균 약 4조 원가량이 소요될 것으로 보여 재원마련 방안이 같이 고민되어야 한다는 지적도 만만치 않다.

마지막으로 문 대통령은 '알바존중법'을 도입하겠다고 밝혔다. '30분 배달제'와 같은 부당한 업무지시를 근로기준법상 강제근로에 포함시켜 제한시키고 지속적 폭언 등 정신·정서적 학대 행위 역시 법상 금지대상으로 못박을 예정이다. 또한 현재 월 60시간 미만 근로를 하는 청년 알바는 고용보험에 가입할 수 없는데 수급요건을 '90일 이상'으로 완화해 3개월 이상 근무한 알바생은 고용보험에 가입한 후 실업급여를 받아갈 수 있도록 할 계획이다.

온 국민의 쉼표 있는 삶을 위해

"휴식이 곧 새로운 생산이다. 쉼을 통해 서로를 공감하게 되고, 서로에 대한 공감이 국민통합의 힘이 된다. 국민 여러분에게 꼭 쉴 권리를 찾아드리는 대통령이 되겠다." 세계에서 두 번째로 일을 많이 하는 대한민국 국민들에게 문 대통령은 '쉼표 있는 삶'을 약속했다.

문 대통령은 2017년 5월 초 황금연휴를 앞두고 자신의 페이스북에서 "우리는 참 많이 일한다"며 2017년 초 휴가 성수기를 앞두고 한 대학이 2만 5,700명을 대상으로 조사한 결과를 언급했다. 그 조사에 따르면 여름휴가를 못 갔다고 대답한 응답자가 5,000여 명이나 됐다. 특히 이들 가운데 '시간이 부족해서'라는 답이 35%로 가장 많았고, '비용 부담'이 20%로 3위나 됐다.

앞서 고용노동부가 2013년 회계연도 기준 10인 이상 사업체 종사자 연차유급휴가를 조사한 결과도 이와 비슷했다. 1인당 평균 휴가로 14.2일이 주어졌지만 실제 사용된 일수는 8.6일밖에 안 됐다. 평균 사용률은 60.4%에 불과했다.

문 대통령은 "(국민들이) 시간도 없고, 돈도 없어 쉬지를 못했다"며 "'쉼표 있는 삶'을 국민들에게 드리고 싶다"고 강조했다. 이에 따라 문재인 정부에서는 일자리 정책의 큰 틀 아래에서 열심히 일한 국민들에게 '쉴 권리'를 찾아주는 것을 추진한다는 계획이다.

우선 '쉴 시간'을 늘린다는 복안이다. 국제노동기구ILO 협약에 따라 근로자들이 연차휴가를 모두 사용하도록 의무화한다. 비정규직의 '휴가권'을 보장하는 한편 1년 미만 비정규직에게는 매달 하루에 해당하는 유급휴가를 부여한다. 현재 명절과 어린이날에만 국한된 제한적 대체공휴일제(대체휴가제)를 더 늘린다.

또 '쉬는 데 쓸 돈'도 지원한다. 2013~2014년 두 해 동안 시범적으로 실시됐던 근로자휴가지원제를 영세 중소기업 종사자들에게도 점진적으로 확대한다. 근로자가 10만 원, 기업이 10만 원을 내면 정부가 10만 원을 보태 휴가포인트로 쓸 수 있도록 한다는 계획이다. 영유아를 동반하거나 임산부가 여행을 가면 숙박 및 교통할인을 해준다. 문화소외계층의 문화생활 촉진을 위해 시행되고 있는 문화누리카드의 사용처를 넓히고, 지원금액도 현행 6만 원에서 10만 원으로 현실화한다. 중산서민층과 자영업자의 휴가비 사용에 대해서는 조세감면제도를 도입한다.

국민휴양지도 더 만든다. 국내 관광지 곳곳에 위치해 있는 공공기관 연수원을 국민 모두에게 개방하는 한편 멀리 가지 않아도 자녀들과 캠핑을 즐길 수 있도록 도심 속 캠핑장도 대폭 늘린다. 전국 캠핑장 가운데 친환경·테마형 우수야영장은 인증을 통해 지역의 대표 관광상품이 되도록 육성한다. 국립·도립자연휴양림의 시설을 개선하고 확충한다.

아울러 전국 곳곳의 자연휴양시설에 대한 통합이용 시스템을 구축해 국민 편리성을 높인다. 유아동반 항공 서비스 강화 등 가족여행 편의를 늘리는 정책도 도입한다. '무장애' 관광환경을 조성해 어르신들, 장애인들이 국내 여행을 하는 데 불편이 없도록 만든다.

미래를 위한 도전,
4차 산업혁명 시대

전 세계적으로 4차 산업혁명 준비가 한창이다. 미국, 독일, 일본 등 선진국은 물론 중국도 4차 산업혁명을 국가핵심전략으로 삼아 올인하고 있다. 4차 산업혁명은 정보통신기술ICT과 제조업 등의 융합을 통해 인공지능AI, 로봇 등이 산업의 중심이 되는 기술혁신을 의미한다. 4차 산업혁명은 속도, 범위, 파급력 면에서 과거 1~3차 산업혁명을 능가하는 혁신이 될 것으로 전망된다.

하지만 한국의 4차 산업혁명 준비는 처참한 수준이다. 한국 정부의 컨트롤타워는 2017년 2월에서야 출범했다. 글로벌 금융그룹 UBS에 따르면 4차 산업혁명에 대한 국가별 적응력 순위에서 한국은 조사 대상 139개 나라 중 25위에 머물렀다. 스위스(1위)

미국(5위) 일본(12위) 독일(13위) 등 선진국은 물론 말레이시아(22위)보다도 낮다.

전문가들은 한국 경제 침체를 극복하기 위한 첫 번째 열쇠로 4차 산업혁명을 통한 새로운 성장 동력 확보를 꼽고 있다. ICT 기반 확대를 통한 산업 전반의 생산성 향상이 경제위기 돌파 해법이 될 것으로 기대된다.

**4차 산업혁명
국가별 적응력 순위**

순위	국가
1위	스위스
5위	미국
12위	일본
13위	독일
22위	말레이시아
25위	한국

자료 : UBS

문재인 대통령은 2017년 2월 1일 '대한민국 바로 세우기 제5차 포럼'에서 "전 세계가 인공지능, 전기차, 자율주행차, 신재생에너지 시대로 달려가는 동안 한국은 손을 놓고 있으면서 4차 산업혁명 준비에서 까마득히 뒤처졌다"고 지적하고 이를 만회하기 위해 강력한 드라이브를 걸겠다고 선언했다.

특히 이날 포럼에서 문 대통령은 편안한 복장에 무선마이크를 착용한 채 연단에 올라 인공지능AI 대화를 시연하는 영상과 각종 그래프 등을 활용한 '스티브 잡스'식 프레젠테이션을 진행해 눈길을 끌었다.

문 대통령은 대선 과정에서 4차 산업혁명과 관련해 미국과 중국의 사례를 수차례 언급했다. 실제 미국은 AI로 4차 산업혁명

문재인 대통령이 2017년 2월 1일 오후 서울 꿈이룸학교에서 싱크탱크 국민성장 주최로 열린 4차 산업혁명, 새로운 성장의 활주로 토론회에서 참석자들과 손을 잡고 기념촬영을 하고 있다.

선두에 서 있다. 이미 전 세계 시가총액 1위에서 5위까지가 모두 미국의 디지털 혁신기업이다. 중국은 전기차 분야에서 크게 앞서가고 있다. 오는 2020년까지 전기차 비율을 16%까지 끌어올리기로 하고, 국가전략기술로 전기차 정책을 추진 중이다.

문 대통령이 이끄는 새 정부는 이미 시작된 4차 산업혁명 경쟁에서 뒤처지지 않고, 미래 먹거리·신성장동력으로 만들기 위해 적극적인 지원을 약속했다. 4차 산업혁명이 한국 경제의 새로운 성장을 위한 '활주로' 역할을 할 수 있게 한다는 전략이다.

문 대통령이 내세운 4차 산업혁명 전략은 크게 네 가지로 나눌 수 있다. ①4차 산업혁명의 플랫폼 구축 ②실패를 딛고 다시 도전할 수 있는 혁신 창업국가 ③신산업 분야 규제 혁신 ④연구개발R&D 장기투자와 기술인재 육성이다.

4차 산업혁명 플랫폼 구축

문 대통령은 "4차 산업혁명 준비에 국가의 모든 역량을 모아야 한다"고 강조했다. 특히 한국 ICT 산업은 기존 모바일 중심에서 인공지능 중심으로 패러다임이 변화할 것임을 예고했다.

문재인 정부 4차 산업혁명 준비의 중추기관은 대통령 직속 '4차 산업혁명위원회'가 된다. 이를 두고 대선 과정에서 4차 산업혁명을 민간 주도가 아닌 정부 주도로 할 경우 한계가 있을 것이란 지적을 받았다. 하지만 문 대통령은 "정부가 주도하겠다는 것이 아니라 정부가 인프라스트럭처를 구축해 기업 활동을 지원하겠다는 의미"라고 분명한 입장을 밝혔다. 위원회 위원으로는 관료, 학자뿐만 아니라 업계 종사자를 대거 발탁할 것으로 보인다. 위원회는 2017년 중 관련 법령 정비를 한 후 2018년 출범 예정이다.

문 대통령이 최우선으로 꼽은 4차 산업혁명 기본 인프라는 사물인터넷IoT이다. IoT는 사물에 감지기(센서)를 부착해 실시간으로 데이터를 인터넷으로 주고받는 기술이나 환경을 의미한다. 문 대통령은 "사물인터넷망 1등 국가로 만들겠다"고 선언했다. 과거 김대중 정부가 초고속인터넷망 보급으로 ICT 산업 발전을 이끌었듯 세계 최초 초고속 사물인터넷망을 구축하겠다는 것이 새 정부의 4차 산업혁명 핵심 추진정책이다.

새 정부에서는 이 같은 4차 산업혁명의 스마트 기술이 도시 전체에 적용될 예정이다. 문 대통령이 밝힌 '21세기 뉴딜 정책'을 통해서다. 건물 한 채도 그냥 짓지 않고 국민들의 주변 모든 곳에 4차 산업혁명 기술이 적용될 수 있도록 '스마트 하우스, 스마트 도로, 스마트 도시' 전략이 새 정부에서 구체화될 것으로 보인다.

과거 정부에서도 언제 어디서나 인터넷 접속이 가능한 유비쿼터스 도시 사업이 있었지만, 이를 뛰어넘은 스마트 도시를 만든다는 전략이다. 특히 스마트 도시는 시민과 기업, 행정기관이 네트워크로 연결돼 국민들의 삶을 더욱 편리하게 만들 것으로 기대된다.

이를 뒷받침하기 위해 문 대통령은 세계 최초 초고속 사물인터넷망 구축과 함께 공공빅데이터센터를 설립해 데이터 규제를 최소화하고, 보호해야 할 개인정보 외에는 기업이 활용할 수 있도록 하기로 했다. 자율주행차 선도를 위한 스마트 고속도로 건설도 추진된다.

전기차 산업강국으로 도약하기 위해 전국의 주요 도로와 주차장에 급속 충전기가 설치된다. 공공기관은 전기차 구매를 대폭 늘리고, 전기차 보급에 적극적인 지자체와 협력해 전기차를 지역경제의 신성장동력으로 키운다는 전략이다.

4차 산업혁명 시대가 왔다 해서 제조업이 사라져야 할 산업은

문재인 대통령이 2017년 1월 19일 오후 서울 광진구 대원제약 중앙연구소를 둘러본 뒤 직원들과 기념촬영을 하고 있다.

아니다. 한국은 제조업 강국이고 성공 경험도 축적돼 있다. 오히려 4차 산업혁명과 결합하면 경쟁력을 더욱 높일 수 있기 때문에 문 대통령은 '스마트 제조업 부흥' 전략도 제시했다.

문 대통령은 "제조업에 지능을 불어넣어야 한다"고 강조했다. 더 많은 중소 제조업 공장이 스마트 공장으로 전환될 수 있도록 정부가 전폭 지원할 방침이다. 새 정부에서는 제품만이 아니라 고부가가치 서비스를 함께 판매하기 위해 제조업과 IT 인력을 결합시키는 스마트 제조업 부흥 전략을 조속히 마련해 실행에 옮길 예정이다.

4차 산업혁명으로 1인 제조기업의 길이 열리고 있는 점에도 주목해야 한다. 4차 산업혁명을 주도하는 미국의 각 지역에 있는 '메이커 스페이스'는 1인 제조기업 공장인 동시에 4차 산업혁명의 인재를 만드는 학교로 주목받고 있다. 문 대통령은 4차 산업혁명 시대를 맞아 1인 제조기업 시대를 대비한 정책도 마련하기로 했다.

실패 딛고 다시 도전할 수 있는 혁신 창업국가

문 대통령은 "중국은 연간 700만 명이 대학을 졸업하는데 그중 300만 명이 창업에 뛰어들어 하루 평균 1만 2,000개 이상 새로운 회사가 생긴다"며 "이는 중국 경제를 무섭게 성장시키는 요소"라고 말했다. 시진핑 중국 국가주석은 이러한 창업 열풍을 바탕으로 중국을 '사이버 강국'으로 만드는 것을 목표로 한다.

신림동과 노량진 고시촌에 대거 몰려 있는 한국의 대졸자와는 사뭇 다른 양상이다. 실패를 두려워하고 무사안일주의가 팽배한 청년에게는 새로운 도전이 없고, 결국 기업가 정신 증발과 국가 경쟁력 추락으로 이어진다. 일각에서는 실패를 두려워한다고 탓만 할 게 아니라 창업에 대한 두려움을 깨기 위한 버팀목을 정부가 마련해줘야 한다고 지적한다. 한국에서 단 한 번의 창업

실패는 결국 '인생 실패자' 낙인으로 이어지기 때문이다.

문 대통령은 이러한 지적을 적극 반영해 신생기업의 열기가 가득한 창업국가를 만들기 위한 정책을 펼쳐나가기로 했다. 창업의 문턱을 낮추고 창의적인 아이디어만 있으면 누구나 쉽게 창업할 수 있도록 창업 지원이 대폭 확대될 것으로 기대된다.

문 대통령은 "정부가 단순히 창업 지원만 하는 것이 아니라 중소기업과 혁신 창업기업의 구매자 역할과 함께 마케팅 대행사가 되겠다"고 밝혔다. 혁신적인 제품과 서비스를 정부가 직접 사주기 위해 스타트업의 공공부문 조달 참여를 보장하며 의무구매비율을 확대할 예정이다. 이와 함께 정부의 창업지원펀드, 모태펀드, 엔젤매칭펀드 등을 늘려 청년 창업을 위한 자금지원을 늘리기로 했다.

'한 번 실패하면 패가망신한다'는 창업계 정설을 깨기 위해 재창업의 길을 열어주는 지원책도 내놨다. 문 대통령은 '삼세번 재기 지원펀드'를 만들어 실패한 벤처사업가 등 재창업을 위한 창업자금을 세 번까지 지원할 방침이다.

대표이사에 대한 연대보증제도도 폐지된다. 대표이사 연대보증은 창업기업이 파산할 경우 연대보증을 선 대표이사 개인까지 파산하고 신용불량자로 전락하고 있어 청년과 기업인의 창업과 재도전을 막는 가장 큰 걸림돌로 작용하고 있다. 현재 개인과 개인사업자에 대한 연대보증제도는 폐지된 상태다.

약속어음제도도 단계적으로 폐지될 전망이다. 약속어음은 결제기간 장기화, 자금난, 연쇄도산 등 부작용을 유발하기 때문이다. 대신 새 정부에서는 자금난 완화를 위해 신용보증기금 등의 특별보증을 통한 금융기관 대출을 지원할 방침이다.

문 대통령은 개인파산이나 회생절차를 빠르게 해주는 특별법을 만들고 채무워크아웃을 우선적으로 처리하는 방안도 마련하기로 했다. 이와 함께 정책금융과 정부조달 계약 시 일정 요건을 갖추면 신용불량기록 불이익을 한시적으로 면제하는 방안도 추진할 계획이다.

창업국가 조성과 관련한 정책은 2017년부터 법령 개정을 추진한다. 정책자금 확대는 2018년 예산부터 점진적으로 확대 편성할 예정이다. 기존 예산 범위 내에서 지출예산 편성을 조정해 마련한다는 방침이다.

문 대통령은 "젊은이들에게 '실패해도 괜찮아. 얼마든지 기회가 있어'라고 말해줄 수 있는 나라를 만들겠다"고 강조했다.

신산업 분야 규제 혁신

규제 개혁은 그동안 새 정부가 출범할 때마다 경제성장을 위해 강조하는 단골 메뉴였지만 기업과 민간이 모두 체감할 정도의 개혁에 성공했다는 평가를 받는 정부는 없다. 규제를 없애면 그만큼 또 다른 규제가 생겨나는 게 현실이었다. 그러나 전 세계 적으로 치열한 경쟁을 벌이고 있는 4차 산업혁명 등 신산업에서 규제 개혁은 더 이상 미룰 수 없는 과제다.

문재인 정부 역시 규제가 신산업 성장의 발목을 잡지 않도록 혁신을 강력히 추진하겠다는 의지를 밝히고 있다. 새 정부는 이 를 '최소 규제·자율 규제 원칙'이라고 칭했다. 문 대통령은 법률 이 하지 못하도록 규정된 것 빼고는 다 할 수 있는 네거티브 규 제를 도입하기로 했다. 문 대통령은 2017년 4월 14일 열린 대한 상공회의소 대선후보 초청 특강에서 "4차 산업혁명 시대에는 너무나 빠르게 경제영역이 달라지고 예측할 수 없는데 법률이 예측하고 따라가는 건 어렵다"며 이같이 강조했다.

문 대통령은 특히 4차 산업혁명의 혁신 과정에서 새롭게 생겨 나는 신산업 분야는 전면적인 네거티브 방식을 시작하겠다는 의지를 피력했다. 이와 함께 기존 규제에 대해서도 네거티브 방 식으로 규제하는 방안도 강구할 예정이다. 규제를 하나 풀면 또 생기고, 하나하나 없애고 만드는 식이 아닌 규제 체계 자체를 전 면적으로 바꾸겠다는 얘기다.

즉 문재인식 4차 산업혁명 대비는 '네거티브 규제 도입→민간 주도→정부 지원'의 방식으로 진행될 예정이다. 문 대통령은 여 기서 한발 더 나아가 궁극적으로 사전 규제가 아닌 사후 규제로의 규제 혁신 패러다임 변화도 예고한 상태다.

문 대통령은 "시대에 안 맞는 많은 규제가 4차 산업혁명이 나가는 길에 걸림돌"이라며 "새 정부는 나쁜 규제를 없애는 정부가 될 것"이라고 강조했다. 그는 "신산업 분야부터 네거티브 규제와 함께 일몰제 적용, 투명성과 신뢰 강화라는 원칙으로 과감하게 정리해나갈 것"이라고 덧붙였다.

R&D 장기투자와 기술인재 육성

4차 산업혁명 시대를 맞아 장기적인 R&D의 필요성도 커지고 있다. 단기성과 중심 R&D로는 미래 50년, 100년을 내다보는 산업정책을 세울 수 없기 때문이다.

문 대통령은 대선과정에서 과학기술부 등 과학기술정책을 총괄하는 국가 차원의 컨트롤타워를 다시 구축하겠다고 공약했다. 과거 김대중 정부 시절과 같은 정책이다. 특히 과학기술인이 전문성을 국정 운영에서도 발휘할 수 있게 이공계 출신을 적극 등용할 방침도 밝혔다. 문 대통령은 "개발을 위해 정부는 기초연구에 장기 투자해야 한다"며 "과학기술인들이 연구에 몰두할 수 있게 국가가 보장해 줘야 한다"고 강조했다.

4차 산업혁명을 맞아 인재육성 방식도 바뀐다. 기존의 암기 위주 교육은 4차 산업혁명에 맞지 않기 때문이다. '암기 잘하는 사람'이 아니라 '질문 많이 하는 사람', '상상하고 창의적으로 생각하는 사람'을 만들 수 있도록 교육체계를 개편할 방침이다.

새 정부에서는 초등학교 때부터 소프트웨어 교육을 받게 된다. 이를 위해 향후 5년 동안 1만 명의 초·중등 교사인력을 양성할 계획이다. 일자리도 늘리고 4차 산업혁명도 대비하는 일거양득이다. 문 대통령은 기술인재와 융합형 인재를 양성하기 위해 대학교육을 개선하겠다는 뜻도 밝혔다.

일자리에도 큰 변화가 생길 것이 분명하다. 인공지능, 로봇 등이 기존 사람이 하던 일자리를 대체하면서 실직자가 발생할 것으로 예상되는 동시에 기존에 없었던 새로운 일자리도 많이 생겨날 것으로 예상된다. 그만큼 직업훈련·교육이 중요한 시대가 온 것이다. 문 대통령은 "직업전환교육을 제2의 의무교육으로 만들겠다"고 밝혔다. 여기에는 퇴직자와 실직자뿐만 아니라 재직자까지 포함된다. 50·60세대의 직업경험을 지식재산화하고, 70대까지 일할 수 있는 정책이 마련된다. 이 교육을 통해 청년과 동반 창업할 수 있는 제도도 마련하기로 했다.

문재인의 말말말

— "정부는 (기업인들의) 충실한 심부름꾼이 될 것이다. 정부가 4차 산업혁명이라는 황무지에 레일을 깔겠다."

- 디지털경제 국가전략 포럼 인사말, 2017. 4. 14.

— "일본은 노벨과학상 분야에서 23명 수상자가 나왔는데 우리는 기초연구가 부실해 후보조차 없다. 기초연구가 축적돼야 인공지능이나 4차 산업혁명의 토대가 될 것이다."

- SBS·한국기자협회 공동주최 토론회, 2017년 4월 13일

— "4차 산업혁명으로 인해 일자리가 줄어들 것으로 걱정하지만 우리는 우수한 인적자원을 갖고 있다. 제대로 준비만 한다면 새로운 일자리를 충분히 만들어낼 수 있을 것이다."

- 동아 이코노미서밋 강연, 2017. 4. 12.

— "일부 중소기업은 아직도 악속어음으로 결제를 받고 있는데 이는 중소기업 자금난으로 이어질 수밖에 없다. 약속어음제도 폐지는 중소기업이 자금난 악순환에서 벗어나도록 하는 첫걸음이다."

- 대선후보 중소기업 정책 강연회, 2017. 4. 10.

— "20여 년 전인 지난 1996년 액티브X를 처음 만든 마이크로소프트조차 이제는 너무 낡고 보안에 취약해 안 쓰고 있다. 왜 한국 정부만 이를 고집하고 있는지 답답한 일이다."

- '주간 문재인' 8회, 2017. 3. 17.

"마크 저커버그, 빌 게이츠, 스티브 잡스는 10·20대에 각각 페이스북, 마이크로소프트, 애플을 창업했다. 우리나라도 이를 실현시키기 위해 팹랩(제작실험실) 같은 창의적인 공간에서 아이디어를 낼 수 있도록 국가 차원에서 도와야 한다."

- '4차 산업혁명을 일자리로' 간담회, 2017. 2. 3.

"우리는 20세기에 민주화와 경제성장을 함께 이뤄냈다. 21세기 세계는 대한민국을 촛불혁명과 4차 산업혁명에 모두 성공한 나라로 기억하게 될 것이다."

- 대한민국 바로 세우기 제5차 포럼, 2017. 2. 1.

"4차 산업혁명은 이미 시작됐다. 미래는 예측하는 것이 아니라 상상하는 것이다. 미래를 가장 정확하게 예측하는 방법은 우리가 그 미래를 만드는 것이다."

- 대한민국 바로 세우기 제5차 포럼, 2017. 2. 1.

"규제 가운데 가장 중요한 규제가 정부 자체라고 생각한다. 앞으로 4차 산업혁명기에 들어서면 변화가 너무 빨라서 기존 법제 속에 없는 수많은 사업과 일자리가 생겨날 것이다. 그런데 우리나라 관료사회는 규정에 없는 영업활동은 못하게 한다. 규정상 금지돼 있는 것 외에는 할 수 있어야 하는데 규정에 없으면 못 하게 한다. 규제의 가장 큰 덩어리가 정부 자신에 있는 셈이다."

- 〈매일경제〉 인터뷰, 2016. 10. 18.

굿바이 공인인증서

인터넷 쇼핑몰에서 결제를 하려고 하면 10개가 넘는 보안 프로그램을 설치하라고 하고, 그 과정에서 컴퓨터가 먹통이 되기도 한다. 컴퓨터를 껐다 켰다 반복하기를 몇 번…. 결국 지쳐서 쇼핑을 포기한다.

문 대통령이 자신의 블로그에서 밝힌 인터넷 쇼핑몰 이용 경험이다. 많은 인터넷 이용자들이 이런 경험을 자주 한다. 짜증이 이만저만이 아니다. 문 대통령은 블로그에 올린 '주간 문재인' 8회에서 "해외 전자상거래를 이용하면 원클릭, 많아도 세 번만 클릭하면 모든 게 끝나는데 한국은 이렇게 복잡하다"며 "어떻게 해외 업체와 경쟁에서 살아남을 수 있겠나"라고 지적한 바 있다.

국내 전자상거래나 전자계약에서 주로 쓰이는 공인인증서 방식을 두고 외국에선 통용되지 않으며 한국에만 있는 규제, 이른바 '갈라파고스 규제'라는 지적이 계속돼왔다. 이에 따라 문 대통령은 집권과 함께 대선공약이었던 '굿바이 공인인증서'를 추진할 예정이다. 문 대통령은 공인인증서를 한국 ICT 산업의 오랜 '적폐'로 보고 청산을 선언한 것이다.

문 대통령이 대선 과정에서 공인인증서와 관련해 제시한 공약은 크게 세 가지로 구분된다. ①공인인증서 폐지(모든 인증수단이 차별 없이 경쟁할 수 있도록 보장) ②전자금융거래법 개정(공인인증서 사용을 이유로 금융회사가 부당하게 면책되지 않도록 함) ③정보통신망법 중 본인확인기관 지정제도 폐기(본인확인기술에 정부 개입 중단)다.

그는 공인인증서 적폐의 근본 원인부터 확실히 제거할 방침이다. 그 뿌리는 전자금융거래법의 '이용자 중대과실' 조항이다. 이 조항은 금융사고 발생 시 그 책임을 금융사가 아닌 이용자가 고스란히 지도록 하고 있다. 이 조항 때문에 피해를 본 이용자가 금융사고 소송에서 단 한 건도 승소한 사례가 없다. 문 대통령은 정권 출범과 함께 이 조항을 전면 수정하기로 했다.

문 대통령은 "금융회사가 이 법을 악용해 공인인증서 의무화 폐지에도 불구하고 약관에 공인인증서를 존치하면서 결국 ICT 산업의 적폐가 되고 말았다"고 지적했다. 새 정부는 공인인증서를 없애고 이용자 편의와 권리 증진을 추진할 계획이다. 공인인증서의 빈자리는 인터넷 선진국에서 사용하는 다양한 인증방식을 도입해 차별 없이 경쟁하면서 소비자가 편리한 방식을 선택해 사용할 수 있게 할 예정이다.

공인인증서와 함께 또 다른 골칫거리인 액티브X도 폐지될 전망이다. 더불어민주당에 따르면 액티브X는 특히 정부 및 공공기관 사이트에서 많이 사용되는데, 연말정산을 위한 국세청 홈택스 홈페이지의 경우 19개, 국민건강보험공단 홈페이지는 22개나 액티브X를 설치해야 구동이 가능하다.

문 대통령은 정부가 관리하는 모든 사이트에서 액티브X를 포함한 일체의 플러그인을 제거하겠다는 공약을 내세웠다. 따라서 새 정부에서는 이를 적극적으로 실행에 옮길 것으로 전망된다. 우선 새로 제작하는 정부·공공사이트는 예외 없이 '노 플러그인No Plug-in' 정책이 시행될 예정이다.

이렇게 되면 인터넷 컴퓨터 보안환경이 대폭 보완되는 동시에 ICT 산업 경쟁력, 특히 보안 분야의 성장잠재력이 크게 강화될 것으로 기대된다.

과학기술 강국으로 거듭난다

"새로운 대한민국을 아이들이 과학자를 꿈꾸는 나라로 만들겠습니다. 과학기술의 혁신과 발전을 위해 사람에게 투자하겠습니다. 과학기술의 성취가 일자리를 늘리면서 국민의 삶을 행복하게 만들고, 그 부상으로 노벨상이 주어지는 길을 열 것입니다."

문재인 대통령은 2017년 4월 28일 공약집을 통해 '사람중심 과학기술'을 슬로건으로 한 과학기술 정책을 발표했다. 사람에 대한 투자, 여성 과학기술인의 경력단절 해결, 기초연구비 확대 및 생애 기본연구비 지원, 과학기술 성과평가방식 혁신 등을 통해 연구자가 중심이 되는 자율적 연구개발R&D 생태계를 조성하겠다는 구상이다.

먼저 청년과 여성, 신규 과학기술인 육성을 위한 지원을 확대한다. 국가 R&D 사업에 참여하는 학생연구원의 고용계약을 의무화하고, 청년 과학기술인을 포함한 모든 연구자에 대한 적정임금 체계를 마련해 처우를 개선할 계획이다. 또 여성과학기술인의 경력단절 방지를 위해 연구실 근무여건을 개선하고, 신진 이공계 박사학위자에게 실무형 R&D 연구기회를 제공하는 '맞춤형 인력양성 사업'을 확대한다. 중소기업 R&D 부서에 취업하는 청년 과학기술인은 과학기술인 연금을 지원받게 된다.

국가 과학기술의 근간인 기초연구를 활성화시키기 위한 대책도 내놨다. 우선 기존 2조 원 수준인 순수기초 분야 연구지원 예산을 2배 증액하는 한편 연구자 주도 자유공모 연구비 비율을 현행 20%에서 2배 이상 확대한다.

기초과학 연구자들에게는 '생애 기본 연구비'를 지원해 지속적인 연구활동을 장려할 계획이다. 또 단기 성과평가가 어려운 기초개발 연구의 특성을 고려해 성과평가 제도를 혁신한다. 기초 분야 개인연구의 경우 자체적인 성과평가 및 결과 공개를 제도화해 연구활동의 자율성을 보장할 계획이다. 문 대통령은 "오랜 기간 숙성한 연구가 다음 세대의 새로운 희망이 될 수 있다는 믿음으로 중견 과학기술인이 연구를 지속해갈 수 있도록 하겠다"고 약속했다.

문 대통령은 이 같은 R&D 생태계를 조성하기 위해 독립된 컨트롤타워인 '과학기술 총괄부처'를 설치하겠다고 밝혔다. 신설 부처에는 R&D 관련 예산권한을 강화하고 이공계 전문가를 확충해 연구관리기능과 행정기능을 분리한다. 정책의 중장기적 연속성을 확보하는 한편 기초 원천 분야의 도전적인 R&D 사업을 수행하기 위해서다. 아울러 연구기관에 대해 이뤄지던 평가를 연구사업에 대해 평가하는 시스템으로 전환하고, 다양한 구성원이 참여하는 독립평가위원회에서 성과를 평가하도록 연구지원 체계를 혁신한다. 단기적 성과 중심의 평가를 지양하고 연구의 자율성을 보장하겠다는 목표다. 또 각종 R&D 관리규정 등을 간소화하고 출연연구기관의 단순행정 기능을 국가과학기술연구회로 집중해 연구자들이 불필요한 행정부담을 벗어던지고 오롯이 연구에만 집중할 수 있는 환경을 조성할 방침이다.

문 대통령은 "과학자들의 도전과 모험을 응원하며 과학자들의 외로운 싸움에 동행하겠다"며 "사람이 사람을 위해 만들어낸 것, 그것이 과학기술이라는 철학과 믿음으로 사람중심 과학기술 정책을 통해 새로운 대한민국의 과학혁신을 시작할 것"이라고 강조했다.

중소기업을 당당하게

2016년 12월 통계청이 발표한 '한국의 사회동향'에 따르면, 근로자 300인 이상의 '대기업'과 그 미만의 '중소기업' 간 격차는 극명하다. 중소기업의 임금은 대기업 임금의 39.3%에서 76.4% 수준이다.

사회보험 가입률은 대기업이 95%에 달하는 반면 1~9인 소기업은 40.8%로 대기업의 절반에도 미치지 못한다. 사회보험 가입률이란 건강보험과 국민연금, 고용보험에 모두 가입된 근로자의 비율을 나타낸다. 노동조합 가입률도 유사하다. 300인 이상 사업체는 38.4%에 이르지만 1~9인 사업체의 경우에는 1.5%에 불과하다.

노동 생산성에서도 둘은 뚜렷한 차이를 보인다. 제조업 기준으로 근로자 300인 이상 대기업의 노동 생산성을 100으로 봤을 때 300인 미만 중소기업은 2001년 36.6 수준이었다가 2013년 29.4까지 내려갔다. 10여 년 전에도 3분의 1 정도로 과히 좋다고 볼 수 없었는데, 더 떨어진 것이다. 영업이익률 역시 2009~2014년 대기업은 평균 5% 전후를 기록했지만 중소기업은 3.1%에서 3.3%에 머물렀다.

여건이 이렇다 보니 근속 기간도 벌어져 있다. 대기업에 다니는 근로자의 평균 근속년수는 11년인 데 반해 1~9인 소기업 근로자는 2.9년이다. 3년이 채 안 되는 것이다.

이에 문재인 대통령은 향후 경제 정책의 방점을 자발적으로 경기 상황에 대응 가능한 대기업보다는 약자의 위치에서 고용과 성장에 어려

심각한 중소기업-대기업 간 격차

① 제조업 1인당 부가가치 생산성

단위 : 억 원

구분	생산성
중소기업	1.09
대기업	3.36

* 2014년 기준
자료 : 중소기업중앙회

② 근로자 월평균 임금

단위 : 만 원

구분	임금
중소기업	294
대기업	485

* 2015년 기준
자료 : 중소기업중앙회

③ 중소기업-대기업 사업체 수 대비 종사자 수

단위 : 만 개, 만 명

구분	사업체 수	종사자 수
중소기업	354.2 (99.9%)	1,402.7 (87.9%)
대기업	0.3 (0.1%)	193.5 (12.1%)

* 2014년 기준
자료 : 중소기업중앙회

움을 겪고 있는 중소기업에 맞춘다는 생각이다.

중소벤처기업부 신설하고 '4차 산업혁명' 드라이브

문 대통령은 2017년 4월 10일 '중소기업이 당당하게 주역이 되는 정의로운 경제'를 주제로 중소기업 정책 공약을 발표하면서 "이제 재벌 대기업 중심 성장전략을 폐기할 때"라며 "재벌 중심 경제 체제가 대한민국 미래 성장의 발목을 잡고 있다"고 말했다. 이어 "일자리가 만들어지는 성장, 노동자의 임금이 올라가는 성장, 분배가 공정한 성장을 만들어야 한다"며 "그 핵심은 중소기업 육성"이라고 밝혔다.

그러면서 현재 '청' 단위로 운영되는 중소기업 관련 정부 부처를 한 단계 업그레이드해 '부' 단위인 '중소벤처기업부'를 신설하겠다는 내용을 가장 앞세워 강조했다. 미래 먹을거리를 창출하는 성장동력으로서 중소기업·벤처기업에 확실한 힘을 실어주려면, 이들을 관리·감독하고 정부 정책 방향을 설정하는 관련 부처 역시 장관급으로 격상해야 한다는 생각이다.

문 대통령은 '지금까지의 중소기업 정책은 각각의 정부 부처에 분산돼 구심점 없이 중구난방으로 추진됐다'는 문제의식을 갖고 있다. 그는 "현재 정부의 중소기업 관련 업무는 미래창조

과학부와 교육부, 중소기업청 등으로 갈라져 있다"며 "중소기업 정책을 담당하는 중소기업청은 정책 수행 기능만 있을 뿐 관련 법안을 발의할 수 없어 정책을 마련할 수 없다"고 지적했다. 이어 "새롭게 신설되는 중소벤처기업부는 중소기업과 벤처기업, 소상공인을 위한 정책과 법을 만드는 한편 4차 산업혁명을 일선에서 진두지휘하고 주관할 것"이라고 밝혔다.

문 대통령의 공약이 정부조직법 개정으로 실현된다면 미래부와 산업부 업무의 상당 부분이 이관된다. 문재인 정부의 중소벤처기업부는 중소기업·벤처·소상공인의 창업·발전 지원과 수출 지원, 대기업·중소기업 간 상생, 첨단 융복합 산업을 통합하고 4차 산업혁명 대응을 전면에 나서서 하는 핵심 부서가 된다.

중소벤처기업부 신설에 대해 정부 부처 내에서는 물론 업계에서도 그 필요성에 공감대가 형성돼 있다. 중소기업중앙회는 '차기 정부 중소기업 분야별 핵심 정책 과제'를 제안하면서 문 대통령과 마찬가지로 '중소기업부 설치'를 최우선 순위로 제시했다.

중소기업중앙회는 "지금의 중소기업청은 산업통상자원부의 차관급 외청으로서 전 업종에 걸친 종합적인 정책 수립은 물론 입법발의권과 부처 간 행정조정권이 없어서 중소기업 정책을 강력하게 추진하는 데 한계가 있다"고 지적했다. 그러면서 "대기업 중심의 산업정책과 중소기업 정책 사이의 연계가 부족하고 산업부와 중기청의 업무 유사성, 정책 중복 등의 문제가 발생한다"며 "거시 경제정책이나 국제적 흐름을 반영하는 데도 어려움이 있다"고 토로했다.

중소기업청이 담당하는 법령만 해도 20개다. 예산은 2016년 기준 8조 1,000억 원으로 총 50개 중앙행정기관 가운데 15위 수준이고, 환경부나 문화체육관광부보다 많다. 청 단위 조직으로는 유일하게 청와대 대통령비서실에 비서관도 두고 있다. 경제수석비서관 아래 중소기업비서관이 있다.

중소벤처기업부 신설은 해외 사례나 4차 산업혁명 시기와 맞물려 타당한 흐름이라는 평가다. 미국의 중소기업처는 장관급 대통령 직속 독립기관이다. 처장은 의회 동의를 받아 대통령이 임명하고 국무위원으로서 각료 회의에 참석한다. 엄연한 독립성을 보장하는 것이다. 프랑스는 한국처럼 경제·산업 관련 부서의 하부 조직에서 중소기업 정책을 운용하다가 2012년 5월 '소상공업·관광부', '중소기업·혁신디지털경제부' 등 장관급 조직을 2개 분리 승격시켰다. 인도네시아는 2000년부터 '협동조합·중소기업부'를 운영하고 있다.

청년 채용 중소기업에 임금 지원

문 대통령이 중소기업을 바라보는 시각은 '고용 창출의 원동력이지만 대기업에 치여 견실한 성장에 제약을 받고 있다'로 요약할 수 있다.

대선 후보 시절 "중소기업은 우리나라 전체 사업체 수의 99%, 종사자의 88%를 차지하는 일자리의 원천"이라며 "중소기업의 총 생산액은 전체의 거의 절반으로 대한민국 경제를 받치는 뼈대"라고 말한 데서 이를 엿볼 수 있다. "하지만 경제 현장에서 중소기업은 재벌·대기업의 횡포와 불공정거래로 도산의 위기에 내몰리고 있다"며 "재벌 총수일가의 이익을 위한 일감 몰아주기나 기술 탈취, 부당 내부거래, 납품단가 후려치기 등으로 중소기업은 수탈의 대상으로 전락한 지 오래고, 이런 것에 항의라도 할라치면 일방적 계약 파기가 다반사"라고 말한 것도 그의 생각을 잘 보여준다.

문제는 근로 여건과 처우 수준이 대기업에 비해 열악하다 보니 항상 구인난이 발생한다는 것이다. 문 대통령이 '추가 고용지원' 제도를 약속한 것도 이 때문이다. 추가 고용 지원 제도는 청년실업을 완화하면서 중소기업에 안정적으로 인력을 공급하는 데 정책 목적을 두고 있다. 앞서 언급했듯 중소기업이 청년을 정규직으로 2명 채용하면 3번째 채용인원에 대한 임금 전액을 3년 동안 지원하는 게 골자다. 문 대통령은 이런 방식으로 연간 5만 명을 지원함으로써 15만 명의 청년실업 해소라는 정책 효과를 낼 수 있다고 보고 있다.

대기업과 중소기업 사이의 임금격차를 좁히는 것도 문 대통령의 중소기업 고용 정책 핵심이다. 현재는 중소기업 임금이 대기업의 50~60% 수준이라는 게 업계와 정부의 공통된 시각이다. 문 대통령은 임기 내 중소기업 임금을 대기업의 80% 수준까지 끌어올려 실질적인 격차를 줄일 생각이다. 이를 위해 '성과공유제' 확산을 유도할 방침이다. 중소기업이 '성과급'을 도입해 이익을 근로자와 나누는 제도를 설계해 도입하면 그만큼의 법인세 등 각종 세제 지원과 사회보험료 감면을 통해 정부가 보조에 나서는 형태다.

문 대통령의 이 같은 구상은 업계의 요구와도 일맥상통해 현장에서는 환영하는 분위기다. 중소기업중앙회는 대기업·중소기업 간 임금격차를 줄이고자 중소기업 취업 청년 5만 명에 대해 해마다 2,000만 원 한도로 임금의 50%를 3년 동안 지원해달라고 건의한 바 있다. 중소기업 근로자에게 지급한 경영 성과급에 대한 조세 혜택도 도입해달라는 의견을 전달하기도 했다.

중소기업의 성장동력을 확보하기 위한 지원도 빠지지 않는다. 중소·벤처기업 관련 연구개발R&D 예산을 임기 내에 2배로 늘리고, 신산업 분야에 대해 우선적으로 네거티브 규제를 도입할 방침이다. 4차 산업혁명 시대를 맞아 창의적인 아이디어가 규제의 벽에 막혀 꽃을 피우지 못하는 불상사가 발생하지 않도록 불필요한 규제를 걷어내겠다는 것이다.

문재인 일자리 포럼 기조강연. 문재인 대통령이 2017년 1월 18일 국민성장 주최로 열린 일자리 정책포럼에서 기조연설을 하고 있다.

　궁극적으로는 중소기업이 대기업과 경쟁할 수 있는 환경도 조성해줄 것으로 보인다. 이를 위해 문 대통령은 "중소기업 협동조합에서 펼치는 공동 사업을 공정거래법상 '담합'에서 제외하겠다"고 밝혔다. 중소기업들이 힘을 합쳐 시장에 진출하면서 대기업과의 경쟁을 촉진하고, 그를 통해 소비자 편익을 증진하면서 성장하는 바탕을 깔아주겠다는 복안이다.

　이와 함께 '중소기업 적합업종 특별법'을 제정할 계획이다. 지금까지는 동반성장위원회에서 해당 업종을 지정해왔는데 사실상 강제력은 없었다. 문 대통령은 이 제도를 법제화해 중소기업의 성장 테두리를 쳐줄 계획을 갖고 있다.

삼세번 재기펀드 조성하고 실패를 재창업으로 연결

중소기업·벤처기업이 마음 놓고 신사업에 뛰어들고 적극적인 고용에 나서려면 금융 지원이 필수다. '돈맥경화'가 없어야 도전 의지도 생기기 때문이다.

문 대통령은 이에 대한 구상도 대선 후보 시절 밝힌 바 있다. 약속어음의 단계적 폐지와 연대보증제 폐기 등이 그것이다. 그는 "중소기업을 경영하는 데 가장 어려운 점이 자금 융통"이라며 "아직도 많은 중소기업이 약속어음으로 결제를 받고 있는 실정이다. 약속어음 결제는 중소기업의 자금난으로 이어질 수밖에 없다"고 말했다. 이어 "약속어음의 단계적 폐지는 중소기업을 자금난의 악순환에서 벗어날 수 있게 하는 첫걸음"이라며 "신용보증기금 등의 특별보증을 통한 금융기관 대출도 지원하겠다"고 공약했다. 이에 더해 "중소기업인의 발목을 잡아온 연대보증제의 올가미도 없애겠다"며 "실효성도 없는 법인 대출 연대보증제는 자금을 융통하는 데 큰 걸림돌로 작용할 뿐 아니라 법인이 도산하는 경우 개인신용마저 파산하게 만든다"고 했다.

약속어음은 자금력이나 담보가 부족한 중소기업이 외상 거래를 가능하게 한다는 점에서 순기능이 있다. 하지만 대기업이나 수탁기업이 여력이 있는데도 거래에서 우월적 지위, 다시 말해 '갑을관계'를 이용해 대금 지급을 연기하는 수단이 된다는 부작

문재인 대통령이 2017년 4월 10일 오전 서울 여의도 중소기업중앙회에서 열린 차기정부 중소기업 정책 관련 강연회에 참석하고 있다.

용도 있다. 대기업이 경기 침체 등으로 경영 사정이 악화돼 어음 발행을 남발하면 교섭력이 약해 이를 받아들인 중소기업은 연쇄적으로 자금난에 빠지거나 부도 위험에 놓이게 된다. 결제 기간이 늘어지는 것만으로도 중소기업은 신용도가 떨어질 수 있고 현금 흐름이 나빠져 수익성이 악화될 수 있다. 이에 2016년 중소기업중앙회 설문 결과를 보면 "약속어음을 폐지하자"는 의견이 73%에나 달했다. 공정거래위원회 조사에 따르면 하도급 거래에서 어음 결제 비중은 20% 안팎인 것으로 나타났다.

문 대통령은 "실패를 경험한 창업가에게 재기의 발판을 마련해주겠다"는 공약도 내걸었다. 그는 "중소기업청 재창업전용펀드를 확대하는 방식으로 '삼세번 재기 지원펀드'를 조성해 실패한 벤처사업가 등의 재창업을 위한 자금을 세 번까지 지원하겠다"고 밝혔다. 이어 "실패한 창업가가 진 개인 채무와 연대보증 채무에 대해서는 신용회복위원회의 워크아웃 제도를 통해 채무를 우선 조정하고, 개인 파산 및 회생 절차를 신속하게 처리하는 특례법을 제정하는 것도 적극 검토하겠다"고 했다. 또 정책 금융과 정부 조달 계약 시 요건을 갖추면 신용불량 기록 탓에 받는 불이익을 한시적으로 면제하는 정책도 펴겠다고 했다.

중소기업 정책 금융과 관련해서는 보다 적극적인 제안이 나오고 있다. 업계에서는 KDB산업은행·수출입은행의 지원은 중소·중견기업에 집중돼야 하지만 현실은 그 반대라는 볼멘소리가 나온다. 2015년 기준으로 산업은행의 기업 대출채권 중 대기업 비중은 70%가량이다. 일반 시중은행 평균이 22.4%인 데 비하면 3배 이상 높은 수준이다. '기업 투자 촉진 프로그램'도 총 지원액 20조 4,000억 원 중 17.6%에 불과한 3조 6,000억 원이 중소기업에게 돌아가고 70.6%는 대기업에 몰려 있다. 이에 업계는 산은 등 정책 금융기관의 지원은 중소기업 중심으로 재편하고 대기업은 점차 혜택을 줄여야 한다고 주장한다.

100조 원 규모로 '중소·벤처 성장펀드'를 조성해달라는 요구도 있다. 2016년 기준으로 중소기업들은 외부에서 자금을 조달할 때 81.1%를 은행에 의존하고, 정책 자금에도 10.6% 기대고 있었다. 이자 비용을 물고 결국 갚아야 하는 형식의 '융자'가 아니라, 성장성과 시장성을 보고 펀드를 통해 '투자'하는 형태로 방식을 바꿔줘야 한다는 요구다. 문 대통령은 대선 후보 시절 이같은 요구를 귀담아듣겠다고 했다. 향후 정책 금융의 틀과 기조가 이 방향으로 선회할 수도 있다.

문재인의 말말말

— "공공과 민간을 가리지 않고 좋은 일자리를 만들고 대·중소기업 임금격차를 해소해서 나쁜 일자리를 좋은 일자리로 바꿔줘야 한다. 중소상공인과 자영업자가 영업을 잘할 수 있도록 국가가 지원하고 최저시급을 2020년까지 1만 원으로 올리겠다."

- SBS·한국기자협회 공동주최 토론회, 2017. 4. 13.

— "갑질, 특히 대기업의 갑질은 반칙과 기득권이 만든, 그야말로 경제적폐다. 공정한 시장경쟁을 파괴하는 행위다. 밀어내기, 후려치기, 몰아주기, 꺾기, 담합, 기술착취, 중간착취를 근절하지 못한다면 정부가 어떤 중소기업, 소상공인 대책을 내놓아도 효과를 보기 어렵다. 중소기업과 국민이 '갑질'과 경제적폐에 대항할 수 있는 다양한 방법을 만들겠다."

- 문재인의 경제비전, 2017. 4. 12.

— "새 정부는 중소기업의 어려움을 방관하지 않겠다. 중소기업이 마음껏 일할 수 있도록 적폐를 청산하겠다."

- 중소기업단체협의회 주최 대선 후보 중기 정책 관련 강연회, 2017. 4. 10.

— "공정임금제를 도입해 중소기업·비정규직 노동자 임금을 대기업의 80% 수준까지 끌어올리겠다."

- 더불어민주당 대선 주자 합동 토론회, 2017. 3. 14.

— "지난 10년간 늘어난 일자리의 92%는 중소기업·벤처창업기업이 만들었다. 대한민국을 상속자가 아닌 창업자의 나라로 만들겠다."

- 더불어민주당 대통령 후보 경선캠프 '일자리위원회' 출범식, 2017. 3. 13.

— "정부가 중소기업과 혁신 창업기업의 구매자가 되고 마케팅 대행사가 되겠다. 혁신적인 제품과 서비스를 정부가 사고, 정부가 팔아주겠다. 범정부 차원의 '을지로위원회'를 구성하고, 중소기업과 벤처기업을 보호 육성하겠다. 중소기업청을 중소벤처기업부로 확대 신설하겠다. 중소기업과 혁신 창업기업이 대한민국 경제의 주축이 되도록 하겠다."

- 대한민국 바로 세우기 제5차 포럼, 2017. 2. 1.

— 지금 중소기업 노동자들의 임금은 대기업 노동자의 60% 수준이다. 그러니 청년들이 취업하려 하지 않아 청년들은 구직난을, 중소기업은 구인난을 겪고 있다. 대기업이 하청업체에 정당한 납품단가와 적정이윤을 보장하게 하고, 정부 역시 중소기업 노동자들에 대한 지원을 크게 늘리겠다."

- 대한민국 바로 세우기 제4차 포럼, 2017. 1. 18.

— "중소기업에 적합한 업종은 중소기업이, 서민기업에 적합한 업종은 서민기업이 경영하는, 더불어 상생하는 시장경제가 이뤄지게 하겠다. 재벌 대기업과 중소기업 간의 불공정거래로 하도급 업체에 종사하는 600만 명 넘는 비정규직 노동자들이 저임금에 시달리고 있다. 재벌 대기업에 쌓여 있는 700조 사내유보금이 중소기업과 가계로 흘러내리도록 해야 한다. 재벌의 갑질 횡포를 사전에 예방할 수 있도록 징벌적 손해배상제를 강화하고 불공정거래를 근절하기 위한 특단의 대책을 도입하겠다. 재벌대기업에 대한 조세감면 제도는 폐지하거나 축소해서, 늘어나는 재정수입으로 중소기업과 자영업자에 대한 재정지원을 확대해나가겠다."

- 대한민국 바로 세우기 제3차 포럼, 2017. 1. 10.

기존 산업도 성장동력 키운다

문 대통령은 2017년 4월 6일 전남 광양제철소를 방문해 "우리가 경제위기를 극복하려면 제조업 강국의 위상을 되찾아야 한다"고 말했다. 4차 산업혁명 시대를 맞아 신산업에 대한 관심이 높아지는 것은 분명하지만 한국 경제가 살아나려면 기존 산업의 경쟁력도 제고해야 한다는 견해를 밝힌 것이다. 문 대통령이 이 자리에서 "4차 산업혁명의 혁신과 결합한다면 제조업이 다시 세계적인 경쟁력을 갖추면서 대한민국을 제조업 강국으로 발전시킬 수 있을 것"이라고 말한 게 이를 잘 드러낸다.

문 대통령은 이 같은 의지를 후보 시절 공약집에 고스란히 담았다. 제조업과 ICT를 접목한 '스마트 제조업 부흥 전략'을 마련하고 중소기업의 생산시설을 '스마트 공장'으로 전환하기 위한 노력을 기울이겠다고 밝혔다.

스마트 공장 전환은 업계에서도 요구하는 사항이다. 중소기업중앙회가 중소제조업체 300개를 대상으로 '스마트 공장에 대한 중소제조업 의견 조사'를 실시한 결과 중소제조업체 10곳 중 7곳(67.4%)이 "경쟁력 강화를 위해 스마트 공장이 필요하다"고 답했다. '생산(공정) 및 품질검사' 분야에서 스마트 공장 수요가 많았는데, 중소기업의 83.3%는 "투자자금이 부담스럽다"는 의견을 밝혔다.

스마트 공장은 기술 수준에 따라 기초, 중간1·2, 고도화 등 4단계로 나뉜다. 현재까지 우리나라는 초보적 자동화 수준인 1단계에 대부분의 정책 역량이 쏠려 있다. 이에 문재인 정부에서는 정책자금 지원 등을 통해 스마트 공장

보급을 늘리고 질적인 개선도 이루는 데 집중할 것으로 예상된다.

문 대통령은 한진해운 파산과 대우조선해양 구조조정으로 직격탄을 맞은 조선·해운업에 대해서는 "포기할 수 없다"고 밝혔다. 기간산업으로서 고용 창출 여력이 큰 업종의 쇠락을 눈 뜨고 지켜만 보지 않겠다는 뜻이다. 조선업 회생을 위해 노후화된 연안화물선을 친환경선박으로 대체, 기존 등록 노후선박 폐선·해체 촉진 보조금 도입, LNG연료추진선 등 친환경 선박 신규 건조 또는 개조 시 정책자금 공급 등이 이번 정부에서 추진될 예정이다.

국적 선사의 몰락으로 위기를 맞은 해운업 재건을 위해서는 우선 한국해양 선박금융공사를 설립해 국가가 체계적이고 안정적으로 금융을 지원할 계획이다. 또 메가 컨테이너 선사와 대형벌크 선사, 중견 인트라 아시아Intra-Asia 선사를 육성한다는 방침이다.

이와 함께 육상화물 물류 경쟁력을 올리기 위해 화물차 고속도로 통행료 할인을 확대하고 친환경 화물차, 드론, 전기차 등 친환경·첨단 물류장비 개발에도 지원을 약속했다. 또 표준운임제를 도입해 화물차주가 적정한 운임을 받을 수 있게 할 생각이다.

문 대통령은 금융업 경쟁력 강화도 구상했다. 규제 완화를 기조로 기존의 까다로운 인허가 절차를 개선하고, 진입장벽을 낮춰 다양한 아이디어가 빛을 볼 수 있는 환경을 조성하겠다는 생각이다. 소비자 편익 증진 면에서 문 대통령은 기존 더불어민주당 차원의 '은산분리' 원칙에서 선회해 이를 완화하는 방향으로 재검토할 수도 있을 것으로 보인다.

지역을 다시 뛰게

    1995년 기초·광역자치단체장과 지방의회 의원선거를 치르며 지방자치제도가 본격화된 지 20여 년이 지났다. 하지만 수도권으로의 경제력·인구 집중은 여전하다.

    1987년 개정된 현행 헌법 123조 2항은 '지역 간의 균형 있는 발전을 위해 국가는 지역경제를 육성할 의무를 진다'고 규정하고 있다. 문재인 대통령은 "지방분권은 김대중의 역사, 국가균형발전은 노무현의 역사"라고 강조하며 "전국이 골고루 잘사는 새로운 대한민국을 만들겠다"고 밝힌 바 있다. 중앙정부의 정책적, 재정적, 제도적 지원을 바탕으로 한 지방 중심 개발을 통해 국가 전체의 경제성장과 지방 균형발전을 동시에 꾀하겠다는 생각이다.

문 대통령은 지방이 자기만의 특색 있는 성장 전략으로 발전할 수 있도록 중앙정부가 돕겠다는 계획이다. 대신 도시 지역은 구도심을 중심으로 '색깔 있는' 재개발을 통해 살기 좋은 곳으로 탈바꿈시키겠다는 복안이다.

충청 - 국가균형발전 중심축으로

"충청을 국가균형발전의 중심축으로 다시 세우겠다. 기업들이 다시 충청권으로 내려오고, 일자리를 만들고, 인구가 늘어나게 할 것이다."

문 대통령은 대선을 앞둔 2017년 3월 22일 대전·세종·충북·충남 비전 발표에서 이렇게 말했다. 국토균형발전을 외친 노무현 정부 당시 충남의 수도권 기업 이전은 2004년 22개에서 2007년 378개까지 늘었지만 2014년 다시 32개로 줄었다.

충청을 다시 발전시키기 위해 문 대통령은 세종·대전·충남·충북 등 지역별로 세분화된 발전 계획을 내세웠다.

우선 대전시는 '동북아의 실리콘밸리', '4차 산업혁명 특별시'로 육성한다는 계획이다. 카이스트와 대덕특구 등 이미 대전에 잘 구축된 과학기술 인프라에 더해 '스마트 융복합 첨단과학산업단지(유성구 대동·금탄동 일원)'와 '최첨단 스마트시티 실증화단지'를 추가한다는 복안이다.

스마트 융복합 첨단과학산업단지는 사물인터넷IoT, 인공지능 AI, 로봇, 드론 등 분야별 맞춤형 기업 입주 공간과 시민 체험 공간인 가상현실 테마파크 등을 건설한다. 또 정부 출연 공동 연구소와 스마트 공장이 연계할 기업 대상 기술지원센터를 설립한다. 최첨단 스마트시티 실증화 단지 구상에는 대전 시내 주요 교차로에 IoT 기술을 활용한 신호 제어 시스템을 적용하고, 대덕특구 내 출연 기관을 왕복 운행할 셔틀버스용으로 자율 주행 버스의 시범 운행도 포함됐다. 이밖에도 임기 내에 공공 어린이 재활병원을 완공할 계획이다.

지난 2012년 국무총리실 이전을 시작으로 행정중심도시로 점차 커온 세종시에는 국회 분원 설치와 함께 수도권에 있는 행정자치부·미래창조과학부 이전을 약속했다. 또 2025년 예정인 서울~세종고속도로 완공 시기를 앞당길 계획이다. 이를 통해 세종이 실질적인 행정중심도시로 기능할 수 있도록 한다는 것이다.

충남은 역사와 첨단산업이 어우러지는 도시로 육성한다. 백제 왕도 핵심 유적을 복원 정비하고 서부 내륙권 광역관광단지로 개발한다. 천안·아산 KTX 역세권을 R&D 집적지구로 조성해 지식집약 서비스산업지구로 성장시킨다. 내포신도시는 특별법상 절차를 관계기관과 협의해 혁신도시로 지정할 계획이다. 이

밖에도 장항선 복선 전철화를 통해 수도권과 장항 간 소요시간을 1시간대로 단축시킨다. 당진·보령·서천·태안 등 석탄화력발전소로 인한 미세먼지 대책을 마련하고, 지역주민에게는 전기요금을 차등해 적용하는 방안도 추진한다.

충북의 경우 오송 제3생명과학 국가산업단지와 충주 당뇨바이오 특화도시 조성을 통해 바이오헬스 혁신·융합 벨트 구축, 충북혁신도시를 태양광 기반 에너지산업 클러스터로 조성해 에너지 분야 4차 산업혁명 선도 지역으로 완성, 청주공항을 중부권 거점공항으로 육성해 이용객 수 300만 명 시대 대비, 중부고속도로 호법~남이 구간 확장사업 타당성 재조사 조기 완료 등을 계획하고 있다.

문 대통령은 또 충청의 미래성장 기반을 위해 충청권 광역철도망 2단계 조기 추진, X축 고속철도망 구축 등으로 교통운송 인프라를 확대한다는 복안도 갖고 있다.

전북 - 새만금·혁신도시 통해 '환황해 경제권 중심지'로

"전북의 마음이 곧 대한민국이 나갈 길이다. 전북이 개혁과 통합의 힘을 만들어달라."

문 대통령은 2017년 3월 23일 전주 비전 발표에서 이렇게 말했다. 문 대통령은 이 자리에서 특히 '더 이상 변방이 아닌 전북'을 강조했다. 전북이 박근혜 정부 시절 '변방'으로 취급받았다는 게 문 대통령의 인식이다. 4년 동안 전북 출신 장관이 단 한 명도 없었고, 차관 4명을 배출한 게 전부였다. 전북 지역 최대 숙원사업인 새만금 개발도 형식적 지원에만 그쳤다. 문 대통령은 우선 인사차별을 바로잡아 전북 인재들이 나라와 지역을 위해 마음껏 일할 수 있게끔 하겠다는 계획이다.

또 전북을 '환황해 경제권 중심지'로 키우기 위해 다양한 정책을 추진한다.

첫째, 1991년 첫 삽을 뜬 이후 전북 지역 최대 숙원사업인 새만금 개발에 속도를 낸다. 2010년 새만금 방조제 준공 이후 7년이 지났지만 여전히 새만금 지역 대부분에 바닷물만 출렁이고 있고, 물이 빠진 곳도 허허벌판으로 그대로 남아 있다. 남북 관계가 개선되고 중국과의 경제협력이 심화될 경우 새만금을 중심으로 황해 경제권이 형성돼, 새만금이 대한민국의 신성장동력이 될 것이란 청사진과는 여전히 거리가 먼 셈이다.

문 대통령은 "대통령이 직접 챙기면 달라진다는 것을 보여주겠다"고 약속한 바 있다. 청와대에 새만금 사업 전담부서를 만들어 국토·농림·해수 등으로 나눠진 부처별 사업을 컨트롤하는 한편 국책사업답게 예산을 쏟아붓겠다는 복안이다. 특히 한시가 시급한 부지 매립을 위해 현재의 민간사업자 주도에서 공기업 주도 매립으로 전환해 속도를 낼 계획이다. 원래 계획대로 2020년까지 매립을 완료할 수 있게 하겠다는 것이다. 이밖에도 새만금 개발에 필수적인 신항만, 국제공항, 도로철도 수송체계 등 기본 인프라 구축도 앞당길 계획이다.

둘째, 전주 혁신도시를 서울과 부산에 이어 대한민국 세 번째의 금융 중심지로 발전시킨다. 전주에는 국민연금공단과 함께 500조 원 자산을 굴리는 국민연금기금운용본부가 이전해 있다. 국민연금이 위치한 혁신도시에 종사자뿐만 아니라 가족들이 함께 내려와 살 수 있도록 도시 기반을 확충한다는 계획이다. 또 연기금전문대학원도 설립한다. 자연스레 기금과 관련된 금융기관, 연구소, 관련기업들도 사무소 등을 설치할 수 있도록 유도한다는 것이다. 이를 바탕으로 전북의 자산인 농생명산업에 투자할 수 있는 금융산업을 육성한다는 계획이다.

셋째, 전북에 아시아를 대표하는 스마트 농생명 클러스터를 구축한다. 전북에는 김제평야부터 새만금 농생명 용지까지 대한민국 최대 평야가 펼쳐져 있다. 이에 이미 전북에 모여 있는 5개 농생명 클러스터를 키우고 국가식품 클러스터 2단계 사업을 추진한다는 복안이다.

넷째, 전북을 '20세기의 반도체를 대신하는 신성장 아이콘'인 탄소산업의 중추지역으로 육성한다. 탄소산업진흥원을 설립해 컨트롤타워를 삼고 탄소밸리를 조성해 고부가가치 신소재산업을 키운다는 계획이다. 또 국민 안전과 직결되는 안전보호 융복합제품산업을 육성하고, 정보통신기술과 건강관리를 융합한 헬스케어산업도 육성한다.

다섯째, 전북 관광산업을 키운다. 차량통행으로 인한 환경오염을 줄이는 지리산권 친환경 전기열차사업을 지원한다.

광주·전남 - 친환경차·농생명·관광산업키운다

"광주의 자부심이 대한민국의 자부심이다. 호남의 성공을 대한민국의 성공으로 만들 것이다."

문 대통령은 2017년 3월 20일 광주·전남 비전 발표에서 "광주·전남 경제를 정상화하고 일자리를 만드는 것이 지방자치로 지방분권의 길을 연 김대중 대통령, 국가균형발전시대를 선포한 노무현 대통령을 계승하는 길"이라고 선언한 바 있다.

그는 "광주·전남은 충분한 성장잠재력을 갖고 있다"며 "문제는 국가의 지원"이라고 지적했다. 실제 인구 10만 명에도 미치지 못했던 나주가 참여정부의 혁신도시 지정 이후 한국전력 본사 이전 등에 힘입어 전남에서 가장 빠르게 인구가 증가하는 도시로 바뀌었다.

문 대통령은 광주와 전남에서 4차 산업혁명을 현실화하고 이를 일자리로 연결시키는 혁신 성장을 일구겠다는 청사진을 갖고 있다. 특히 일자리 나눔과 사회통합의 '광주형 일자리 모델'이 지역에서 활성화한 후 전국으로 뻗어나가도록 한다는 복안이다.

우선 광주·전남 지역을 에너지 신산업의 메카로 육성하겠다는 계획이다. 광주·함평의 빛그린 산단에서 만든 전기자동차와 광주·나주의 빛가람 에너지밸리에서 생산한 배터리가 결합되는 방식이다. 또 서남해안 해상풍력단지가 광주·나주 혁신도시와 연계돼 성장하도록 지원한다. 2020년까지 500개 에너지 관련 기업과 소프트웨어 기업이 혁신도시로 이전할 수 있도록 정주여건을 개선하고 관련 지원을 아끼지 않을 계획이다.

이와 별도로 광주와 전남을 위한 지역경제 육성방안도 마련했다. 광주는 우선 미래 자동차산업의 중심 도시로 키우겠다는 복안이다. 광주가 가진 자동차산업에 전자산업을 더하는 식이다. 빛그린 산단을 전기차, 수소차, 자율주행차와 같은 미래형 자동차가 생산되고 부품산업이 집적되는 자동차밸리로 조성한다. 친환경 미래형 자동차 정책 지원을 위해 특별법 제정도 추진한다. 특히 이 같은 산업 혁신이 '광주형 일자리'로 대표되는 사회통합 일자리 창출로 이어지도록 한다.

또 광주에 문화콘텐츠 산업을 집중 육성한다. 아시아문화전당 콘텐츠 개발과 7대 문화권 조성사업을 전폭적으로 지원하고, 예술·기술융합센터를 조성해 4차 산업혁명 창의콘텐츠 플랫폼을 구축한다.

전남에는 농생명산업과 관광산업을 키운다. 전남이 첨단 스마트 팜과 수산양식산업을 선도하도록 하고, 서남해안에 관광 휴양벨트를 조성해 풍부한 문화자원과 청정한 자연환경을 활용할 수 있도록 한다.

부산·울산·경남 - 산업수도 재도약의 길 만든다

"부산과 함께 가겠다. 완전히 새로운 부산을 만들 것이다."

문 대통령은 2017년 4월 11일 부산 비전 발표에서 "고령화율은 광역시 중에서 가장 높고 실업률은 전국 두 번째, 조선해운산업의 어려움으로 지역경제가 초토화되고 있다"며 이렇게 말했다.

그는 "우리나라 지도를 거꾸로 돌려보면 부산에서 이어지는 광대한 해양과 그 건너 일본, 다른 대륙들이 눈에 들어온다"며 "그곳이 우리가 뻗어나갈 길"이라고 강조했다. 북핵문제를 해결한 이후에 부산-영남-동해안 경제를 북방경제와 연결시킨다는 구상을 밝혔다. 또 북극항로를 개척해 부산-영남-동해안 경제가 유럽까지 연결되도록 하겠다고 약속했다.

궁극적으로 부산을 대한민국 해양수도를 넘어 동북아 해양수도로 만들겠다는 게 문 대통령의 약속이다. 신해양산업 육성과 주력산업 고도화로 부산의 미래 성장동력을 창출하는 한편 혁신도시를 중심으로 금융, 해양, 영상산업을 육성해 양질의 일자리를 만들어내겠다는 복안이다.

그는 부산 발전을 위한 여섯 가지 전략을 갖고 있다.

첫째, 동남권 관문공항과 강서구 김해 일원까지 아우르는 공항복합도시를 조성해 동남해안권 중심도시로 키워간다. 급증하는 항공수요에 맞춰 수용능력도 키운다.

둘째, 북항 재개발사업을 통해 북항을 동북아 신해양산업 중심지로 육성한다. 동삼 해양 혁신도시와 연계한 신해양경제 클러스터를 구축하고, 문현 금융 혁신도시와 원도심을 연계한 국제금융 비즈니스타운을 조성해 제2의 금융중심지로 발전시킨다. 영화영상산업 거점인 센텀시티와 대연 혁신도시를 연계해 청년문화 허브로 개발한다.

셋째, 해양산업의 체계적이고 안정적인 금융지원을 위해 한국해양선박금융공사를 설립한다. 또 위기에 빠진 조선해운 산업을 살리기 위해 해운·항만·수산기업의 신규선박 발주, 중고선 매입, 공공선박 발주, 유동성 지원, 해외항만 개발 등 할 수 있는 모든 정책수단들을 총동원할 계획이다.

넷째, 혁신지구와 연계한 '부산형 스마트 청년 일자리'를 창출

한다. 영도-문현-센텀 혁신도시를 중심으로 부산의 새로운 미래
성장동력 기반을 구축한다.

다섯째, 원전 안전성 확보를 국가과제로 추진한다. 월성원전
30킬로미터 반경 안에 127만 명, 고리원전 30킬로미터 반경 안
에 341만 명의 주민이 거주하고 있어 이들 원전의 안전 확보가
국민 생명과 직결된다. 구체적으로 고리원전 5·6호기 건설을 백
지화하고, 노후 원전 수명연장을 금지한다. 신규 원전 건설도 전
면 중단한다.

여섯째, 삶의 질이 높은 건강도시 부산을 만든다. 낙동강으로
들어가는 유해물질을 차단하고, 부산과 경남이 공동투자하는
물 관리기구를 설립한다. 노인과 청년을 위해 정부 주도 공공임
대주택을 보급하고 주택 개량 지원사업도 시행한다.

문 대통령은 울산과 관련해 2017년 4월 11일 울산 비전 발표
에서 "울산이 대한민국의 산업화를 이끈 산업수도였다. 울산이
걸어온 길은 그대로 대한민국 산업화의 역사가 돼왔다"면서도
"최근 울산 경제가 어렵다. 울산의 민생도 흔들리고 있다. 대한
민국 산업수도가 위기를 맞고 있다"고 말했다. 울산 대표산업인
조선업은 수주절벽에, 자동차는 내수시장 부진에, 석유화학은
세계적인 침체에 고전하고 있다는 것이다.

그는 울산의 재도약을 약속하며 구체적인 방안으로 조선산업
경쟁력 강화와 일자리 보호, 울산 도시외곽순환도로 조기 착공,

공공기관 지역인재 고용 30% 의무할당제 등을 내놨다. 또 울산 인근에 산재해 있는 '원전·석유화학단지 안전 확보'도 공약으로 내놨다. 그는 "안전은 가장 중요한 삶의 토대"라며 "준공 40년이 지난 석유화학단지의 지하 배관망 등 노후 시설 안전진단도 신속하게 실시하겠다"고 약속한 바 있다.

문 대통령은 경남의 경우 신산업 육성을 통해 성장을 꾀한다는 계획이다. 2017년 4월 11일 경남 비전 발표에서 항공우주산업 중점 육성, ICT 융합 신성장동력 육성, 거점 도시 연계 인프라 구축 등 발전 방안을 밝힌 바 있다.

우선 경남 사천을 항공우주산업 특화단지로 조성하고 기술 개발 및 생산성 고도화를 위해 인프라 조성을 지원한다. 또 경남 진주시와 사천시에서 진행 중인 '경남 항공산업국가산업단지 조성사업'을 적극 지원할 계획이다. 항공 ICT 융합기술 R&D 역량을 구축한다.

또 경남권 ICT 융합 신성장동력 육성 차원에서 경남 창원공단의 제조업 혁신을 지원하고 친환경 미래가치 창출산업을 육성할 계획이다. 구조적인 위기에 직면한 창원공단의 핵심산업인 기계산업에 ICT 융복합을 통해 혁신을 지원하고 4차 산업혁명을 대비한 소프트웨어융합연구소를 설립한다. 경남 서부권(진주, 사천, 남해, 하동, 산청, 함양, 거창, 합천 등)에 항노화산업과 연계한 6차 산업 거점을 조성하는 한편 한방의료관광을 활성화하기 위해 해당 지역에 '관광휴양 힐링벨트'를 조성한다는 복안이다. 거점 도시 연계를 위한 인프라 구축을 위해서 김천~거제 구간 KTX의 조기 착공을 추진할 계획이다.

대구·경북 - 의료·물·신재생 산업의 메카로

"대구·경북의 자부심으로 새로운 시대에 동행해주십시오."

문 대통령은 2017년 3월 26일 대구·경북 비전 발표에서 "대구의 1인당 지역내 총생산이 24년 연속 전국 꼴찌, 한마디로 제일 못사는 도시가 돼버렸다"며 "(앞으로) 전통제조업의 경쟁력을 강화하고 신산업을 육성하는 두 바퀴 전략으로 일자리를 지키고 만들겠다"고 약속했다.

대구·경북 지역 공동 발전을 위해 대구·경북첨단의료복합단지를 국가 첨단의료 허브로 만들고, 뇌와 유전체 연구를 위한 거점 연구기관을 설립한다. 또 맞춤형 의료산업도 신성장동력으로 육성할 계획이다. 대구권 광역철도 사업을 지원해 남북으로는 김천~구미~대구~경산~밀양을 잇고, 동서로는 동대구~영천을 이어 지역경제 발전의 밑거름이 되게 한다는 복안이다. 오랜 지역 숙원사업인 대구공항 이전사업도 적극 지원해 지역거점 공항으로 육성한다.

대구의 경우 국제적인 물산업 허브도시로 키운다는 복안이다. 대구의 물산업과 정보통신기술, 제조플랜트 기술을 결합해 세계시장을 선도할 고부가가치 신성장동력으로 육성한다. 전국 최고 수준인 대구 섬유산업과 안경산업 발전도 지원한다. 옛 경북도청 부지를 문화, 행정, 경제 복합공간으로 만든다.

경북의 경우 울진, 영덕, 포항 등에 친환경 신재생에너지 클러스터를 조성해 경북 동해안의 풍부한 청정에너지 자원을 미래 신성장동력으로 육성한다는 계획이다. 원전 해체기술, 재해복구 로봇을 생산하는 안전·방재산업 집중 지대도 만든다. 김천 혁신도시 발전을 지원하는 한편 영주에 첨단 베어링산업 클러스터를 조성한다.

강원 - 누구나 오고 싶은 평화 관광지로

"평화와 경제통일 통해 강원도를 대한민국 중심으로."

문 대통령은 2017년 4월 8일 강원 비전을 발표하면서 "북한의 핵과 미사일 문제를 완전히 해결해 접경지대와 동해바다를 평화지대로 만들어 누구나 오고 싶은 평화의 강원도를 만들겠다"며 "그 바탕 위에서 강원도의 꿈을 키워가겠다"고 말했다.

지역 특성상 군부대가 많은 강원도는 오랫동안 안보상 이유와

끝모를 가뭄이 계속되는 가운데 문재인 대통령이 2015년 6월 14일 대관령 횡계리에서 대민지원을 하고 있다.

수도권 상수원보호구역이라는 이유로 다양한 규제를 받아왔다. 강원도민 스스로가 '푸대접이 아닌 무대접'이라고 할 만큼 많은 규제가 강원도민의 삶을 힘들게 했다.

　하지만 문 대통령은 "강원도는 기회의 땅"이라며 "무한한 가능성과 잠재력을 갖고 있다"고 강조했다. 한반도 평화가 정착될 경우 러시아 시베리아 가스가 북한을 거쳐서 바로 강원도로 오고, 남쪽에서 만들어진 물건이 강원도를 거쳐서 북한을 거쳐 유럽까지 가는 물류의 출발지대가 될 수 있다는 것이다. 또 설악산과 금강산 일대를 아우르고 비무장지대를 포함해 세계평화공원도 조성할 수 있다는 복안이다.

문 대통령은 세부적인 강원도 발전 계획도 갖고 있다. 우선 2018년 2월에 열릴 평창 동계올림픽의 성공을 위해 국가가 할 수 있는 모든 지원을 할 계획이다. 평창 동계올림픽을 새 정부의 국정 제1과제로 선정하고, 지원위원회를 대통령이 직접 챙긴다. 또 관련 추경 편성을 통한 예산 지원을 검토하고 법적 지원시스템도 대폭 강화한다. 올림픽이 끝난 이후 시설 관리와 사후 활용 방안도 중앙정부가 함께 고민하도록 할 계획이다. 평창 인근 소상공인, 전통시장, 중소기업이 함께 성장할 수 있는 사업 발굴도 지원한다. 북한응원단의 참가로 흥행 걱정에서 흑자 대회로 돌아선 부산 아시안게임의 성공사례가 평창에서 재현될 수 있도록 북한선수단 참여와 남북 공동응원단 구성에도 힘쓸 계획이다. 이를 통해 평창 동계올림픽이 명실상부한 '경제올림픽'으로 역사에 남게 한다는 것이다.

강원북부의 경우 춘천을 중심으로 수열에너지를 활용한 데이터센터 단지를 2022년까지 조성한다. 춘천을 레고랜드와 연계한 '스마트토이' 도시로 키운다. 강원남부는 헬스케어산업의 메카로 육성한다. 혁신도시인 원주 부론 지역이 헬스케어 국가산단으로 조성되도록 지원한다. 폐광지역의 경우 대체산업을 집중 육성한다. 동해안권은 스마트관광의 중심지로 키운다. 평창~강릉 등 올림픽특구를 활성화하고 ICT 산업이 결합된 스마트관광 융합클러스터로 조성한다.

접경지역권의 경우 국가안보에 지장을 초래하지 않는 범위 내에서 동해안 경계 철책을 단계적으로 철거해 천혜의 자연 경관을 활용한 투자 확대를 유도한다. 획일적인 민통선과 제한보호구역도 합리적으로 축소하고 어민들의 생계와 안전에 영향을 미치는 규제는 폐지한다.

도시재생 - 해마다 10조 원 투입해 구도심 재개발

"정권교체로 주거환경이 달라진다."

문 대통령은 지방 발전을 위해 각 지역 특성에 맞춰 발전할 수 있도록 하는 전략을 짜는 한편, 도시의 경우 신도시 개발보다 구도심 재생을 통해 활성화를 유도한다는 복안을 내놓았다.

그는 2017년 4월 9일 도시재생 뉴딜정책을 발표하면서 "모든 국민은 건강하고 쾌적한 환경에서 생활할 권리를 가진다"며 "도시재생사업은 낡고 쇠퇴한 도시에 활력을 불어넣는 사업, 국민의 권리를 되찾는 일이고 일자리를 만드는 일"이라고 강조했다. 우리나라 인구 91%가 도시에서 살고 있는 만큼 도시가 끊임없이 더 살기 좋은 곳으로 변화해야 한다는 것이다.

과거 정부는 도시 외곽으로 확장적 개발(신도시 개발), 개발이익만 추구하는 전면철거형 재개발(구도심 개발)을 추진해왔다. 하지만 신도시·재개발은 집값과 주거비 상승이라는 부작용을 낳았다. 반면 전국 700여 군데가 넘는 구도심 달동네는 여전히 언제 무너질 지 모르는 건물로 가득하다. 문 대통령은 앞으로의 도시개발이 "역사를 간직한 구도심이 삶의 질이 높아지는 생활밀착형 도시로 재활하는 것"이라고 강조했다.

그동안 연간 1,500억 원 정도만 투입된 도시재생사업에 해마다 10조 원대의 공적재원을 투입한다는 계획이다. 연간 2조 원 규모 정부 예산 외에도 주택도시기금, LH, SH 사업비 등을 활용한다는 것이다. 이를 통해 해마다 100개 동네씩 재생해 임기 내 500개 구도심을 살려낼 계획이다.

동네를 모조리 철거하는 과거 재개발 방식이 아니라 소규모로 정비하는 사업을 펼친다. 동네마다 아파트단지 수준의 마을 주차장과 함께 어린이집, 무인택배센터 등을 짓도록 지원한다. 낡은 주택의 경우 공공기관 주도로 정비하거나 매입 또는 장기 임차해서 연간 5만 호 공공임대주택이 공급될 수 있도록 유도한다. 특히 고령층 소유자에게는 생활비로 쓸 만큼의 임대료를 지원해 노후 걱정을 덜어준다. 또 낡은 주택을 직접 개량하는 집주인이 주택도시기금에서 무이자 대출을 받을 수 있도록 한다.

도시재생 뉴딜사업은 전통산업 집적지와 재래시장을 재활하는 데도 방점이 찍혀 있다. 도시재생 뉴딜사업을 통해 매년 39만 개의 일자리가 만들어질 것으로 분석되고 있다. 대대적인 도시

문재인 대통령이 2017년 4월 9일 서울 여의도 더불어민주당 당사에서 '내 삶을 바꾸는 정권교체' 도시재생 뉴딜 정책발표를 하고 있다.

재생과 주택개량 과정에서 지역 중소건설업체나 집수리사업체의 일거리가 대폭 늘어나는 한편 지방도심 재활로 신산업이 활성화되면 청년들이 재능을 발휘하고 일할 공간이 생길 수 있기 때문이다.

다만 서울 홍대지역에서 보듯 도시재생 과정에서 집값이나 임대료만 오르는 일이 문제다. 문 대통령은 이에 공공임대주택을 포함한 저소득층 주거, 영세상업 공간 확보를 의무화한다고 밝혔다. 공공재원이나 도시계획 인센티브를 받았을 때는 임대료를 일정 수준 이하로 묶을 수 있는 규정도 마련한다.

MOONJAEINNOMICS

문재인의 말말말

— "지방분권과 국가균형발전은 나의 소명이자 운명이다. 지방의 아픔과 상처를 잘 알고 있다. 나 자신이 지방사람이기 때문이다."

- 대전·세종·충북·충남 비전 발표, 2017. 3. 22.

— "충청의 심장을 다시 뛰게 하겠다. 충청에서 대한민국의 국가균형발전을 완성하겠다."

- 대전·세종·충북·충남 비전 발표, 2017. 3. 22.

— "전북의 마음이 대한민국이 나갈 길이다. 개혁과 통합의 힘을 만들어달라."

- 전북 비전 발표, 2017. 3. 23.

— "전주 혁신도시를 서울과 부산에 이어 대한민국 세 번째의 금융 중심지로 발전시키겠다."

- 전북 비전 발표, 2017. 3. 23.

— "청와대에 새만금 사업 전담부서를 만들겠다. 국책사업답게 추진할 것."

- 전북 비전 발표, 2017. 3. 23.

— "폐허가 된 나라를 다시 만드는 '재조산하'의 심정으로, '약무호남 시무국가', 호남이 없으면 국가가 없다는 절박함으로 광주에 다시 왔다."

- 광주·전남 비전 발표, 2017. 3. 20.

— "광주와 전남 발전의 핵심은 상생 비전이다. 4차 산업혁명을 눈으로 보여주고 일자리로 돌려주는, 혁신성장의 상징으로 만드는 것이다."

- 광주·전남 비전 발표, 2017. 3. 20.

— "우리나라 지도를 거꾸로 돌려보면 부산에서 이어지는 광대한 해양과, 그 건너 일본, 다른 대륙들이 눈에 들어온다. 그곳이 우리가 뻗어나갈 길이다. 북핵문제를 해결한 이후에 부산-영남-동해안 경제를 북방경제와 연결시키겠다."

- 부산·울산·경남 비전 발표, 2017. 4. 11.

— "대구의 1인당 지역내 총생산이 24년 연속 전국 꼴찌, 한마디로 제일 못사는 도시가 돼버렸다. (앞으로) 전통제조업의 경쟁력을 강화하고 신산업을 육성하는 두 바퀴 전략으로 일자리를 지키고 만들겠다."

- 대구·경북 비전 발표, 2017. 3. 26.

— "제가 먼저 북한의 핵과 미사일 문제를 완전히 해결하겠다. 접경지대와 동해바다를 평화지대로 만들어내겠다. 누구나 오고 싶은 평화의 강원도를 만들고 말겠다."

- 강원 비전 발표, 2017. 4. 8.

— "도시재생사업은 낡고 쇠퇴한 도시에 활력을 불어넣는 사업이다. 국민의 권리를 되찾는 일이고 일자리를 만드는 일이다."

- 도시재생 뉴딜정책 발표, 2017. 4. 9.

— "새 정부가 들어서면 바로 도시재생 뉴딜사업을 추진하겠다. 매년 10조 원대의 공적재원을 투입하여 우리 동네가 달라졌다는 것을 확연히 느끼도록 하겠다."

- 도시재생 뉴딜정책 발표, 2017. 4. 9.

한국판 '고향세' 도입한다

심각한 저출산 고령화로 점점 활력을 잃어가고 있는 농어촌 지역에 '고향사랑 기부제도'가 힘이 될 수 있을까.

문 대통령은 일본에서 이미 시행중인 고향세(후루사토故鄕 납세)의 한국 버전인 '고향사랑 기부제도' 도입을 추진하겠다고 밝힌 바 있다. 고향사랑 기부제도는 개인이 재정자립도가 낮은 지방자치단체에 기부를 하면 10만 원까지는 전액 세금에서 공제하고, 나머지 금액은 기부금액의 16.5%(2,000만 원 초과분은 33%)를 세금에서 공제해주는 방식이다. 예를 들어 100만 원을 고향에 기부하는 경우 실제 본인부담은 74.1%(74만 1,000원)이고, 국가부담 23.5%(국세감면 23만 5,000원), 거주하는 지자체부담 2.4%(지방세 감면 2만 4,000원) 수준이다.

기부금을 받을 수 있는 지자체는 재정자립도가 전국 평균 이하 등으로 재정이 열악한 광역자치단체 또는 기초자치단체로 한정했다. 실제 출신지인 진짜 고향뿐만 아니라 기부자가 생각하는 '마음의 고향'에도 기부할 수 있도록 했다.

기부금이 취지에 맞게 효율적으로 사용될 수 있도록 지자체는 지방재정에 '고향사랑 기부금 계정'을 별도로 두고 기부심사위원회를 통해 기금을 투명하게 관리운영하도록 할 계획이다.

한 대통령 측근은 "정부가 계속 재정불균형 완화 노력을 하면서 이와 함께 개인이 향우회나 동창회에서 하듯 고향을 위해 직접 돈을 기부하면 자긍심도 느껴지고 사실상 붕괴 상태인 농어촌에 대한 국민적 관심도 제고할 수 있을 것"이라고 설명했다.

앞서 일본은 지난 2008년 후루사토 납세제도를 시작했다. 기본적으로 '기부금'인 고향사랑 기부제도와는 달리 납세자들이 자신이 거주하는 지역에 내야 하는 주민세(소득세도 일부 포함)의 일부를 원하는 지방자치단체에 낼 수 있도록 한 제도다. 연봉 600만 엔 직장인이라면 자신이 내는 세금 중 대략 6만 엔 이상을 자유롭게 기부할 수 있다.

기부를 받은 지자체는 다양한 답례품을 줄 수 있다. 예를 들어 지역 특산품인 쌀과 과일, 심지어 주주증을 답례품으로 주는 식이다. 가장 성공적인 사례로 꼽히는 히가시카와초는 특이하게도 기부자에게 1,000엔당 1주씩 히가시카와초 '주주증'을 발행해 주고 특정주민증도 만들어줬다. 그리고 주주들이 마을을 방문할 때 공공시설을 자유롭게 이용하고 공원을 절반 비용에 이용할 수 있는 특전을 제공했다. 일본 총무성에 따르면 히가시카와초 주주 수가 3,400명을 훌쩍 넘었다. 기부액도 매년 2,000만 엔(약 2억 2,000만 원)을 넘어서고 있다.

2008년 첫 도입된 후루사토 납세는 2015년 1,653억 엔(약 1조 8,000억 원)까지 금액이 많아졌다. 일본 정부는 개인을 대상으로 한 후루사토 납세가 성과를 거두자 2016년에는 기업들이 지자체에 기부하는 기업판 후루사토 납세까지 도입해 지역균형 발전을 위한 핵심 정책으로 키워나가고 있다.

시민 속의 광화문광장·청와대로

문재인 대통령은 시민들과 쉽게 접근할 수 있는 '소통의 공간'으로 서울의 주요 랜드마크를 활용하겠다는 계획이다. 우선 "불의와 불통의 대통령 시대를 끝내고 국민들과 소통하는 대통령이 되겠다"며 대통령 집무실을 청와대에서 광화문 정부청사 인근으로 옮긴다는 복안이다. 그동안 경복궁 뒤에 있는 청와대가 일반 국민들과 너무 멀리 떨어져 있어 역대 대통령이 결국 '불통의 역사'를 되풀이했다는 비판이 많았기 때문이다.

문 대통령은 2017년 4월 24일 기자회견에서 "참모들과 같은 업무공간에서 일하면서 언제나 교류하고 소통하는, 국민과 머리 맞대고 토론하는 대통령이 되겠다는 의미"라며 "대통령이 언제라도 비서들 방에 들러서, 그때그때 필요한 논의들을 현안에 맞춰 해나갈 수 있다"고 말했다. 광화문 집무실은 '국민의 승리'로 대한민국 역사에 기록될 촛불집회 현장이 바로 그 앞이라는 점도 고려됐다. 국민의 뜻을 하늘같이 받들어 국가를 이끌겠다는 의지를 간접적으로 표현한 셈이다.

다만 광화문 정부청사에 당장 집무실을 마련하는 것은 아니다. 집무실을 이전하면 주변 교통의 혼잡, 통신 제한, 원거리 경호 등의 복잡한 문제가 발생하기 때문이다. 일단 현재 청와대에서 집무를 시작한 후 가급적 빠른 시일 내에 준비를 마쳐 광화문 집무실을 이용한다는 계획이다. 문 대통령은 후보 시절 여러 차례에 걸쳐 "퇴근길에 남대문시장에 들러 시민들과 소주 한잔 나눌 수 있는 대통령, 친구 같고 이웃 같은 서민 대통령이 되겠다"고 밝힌 바 있다.

대통령 집무실 이후 청와대는 시민에게 개방된다. 이에 따라 청와대, 경복궁, 광화문, 서촌, 북촌, 종묘로 이어지는 '역사·문화의 거리'가 조성된다. 광화문광장 위치도 재조정된다. 문 대통령은 "도로 한복판의 거대한 중앙분리대 같은 광화문광장을 시민들이 쉽게 접근할 수 있게 위치를 재조정할 것"이라며 "광화문 육조거리를 복원하고 민주주의 광장으로써의 역할을 계속하도록 할 것"이라고 말했다.

이와 함께 2017년 말 반환이 예정된 용산 미군기지는 미국 뉴욕의 센트럴파크와 같은 친환경 공원으로 탈바꿈시킨다. 문 대통령은 "북악에서 경복궁, 광화문, 종묘, 용산, 한강까지 이어지는 역사·문화·자연이 어우러지는 벨트가 조성되면서 대한민국을 상징하는 거리가 되고 수도 서울은 세계 속 명품도시로 거듭나게 될 것"이라고 말했다.

앞서 문 대통령의 후보 시절 서울역사문화벨트조성공약기획위원회 총괄위원장에 유홍준 전 문화재청장이 임명된 바 있다. 참여정부 당시 민정수석이던 문 대통령과 북악산 개방을 함께 추진했던 인연이 작용한 것이다. 이외에 승효상 전 서울특별시 총괄건축가, 역사학자 안병욱 교수, 황지우 전 한예종 총장 등이 역사문화벨트조성공약 기획위원으로 참여했다. 하승창 전 서울시 부시장은 광화문광장 재구성을, 조명래 교수는 용산공원 조성 전담위원을 각각 맡게 됐다. 광화문대통령공약기획위원회 위원장은 박금옥 전 청와대 총무비서관이 맡게 된다. 정만호 전 청와대 의전비서관과 주영훈 전 청와대 경호관은 부위원장을 맡았다.

02

—

공정

재벌개혁
'진정한 시장경제로 가는 길'

　문재인 대통령은 "재벌개혁 없이는 경제민주화도 경제성장도 없다"며 재벌개혁의 의지를 여러 차례 천명한 바 있다. 문 대통령은 2017년 1월 10일 '대한민국 바로 세우기 제3차 포럼-진정한 시장경제로 가는 길'에서 "그동안 재벌경제는 우리 경제성장의 견인차였다"면서도 "한편으로 재벌은 공정한 시장을 어지럽혀 이제는 경제성장의 걸림돌이 되고 재벌 자신의 경쟁력을 약화시키기에 이르렀다"고 말했다. 경제의 성장 과정에서 재벌의 공은 인정하지만 그것이 재벌개혁을 막는 이유가 될 순 없다는 의미다.

　사실 대기업들의 불공정행위는 아직 사라지지 않고 있다. 최근 몇 년 동안은 승계 과정에서 상속증여세를 피하기 위해 총수일가가 보유한 기업에 일감을 몰아주는 사익편취 행위가 기승을 부렸다. 공정거래위원회는 2016년 총수일가가 보유한 계열사에 내부거래를 통해 부당이익을 제공한 대한항공에 14억 원의 과징금을 부과하기도 했다.

공정위도 총수일가 사익편취 규제 대상이 되는 상장기업 총수일가의 지분율을 현행 30% 이상에서 20% 이상으로 강화하는 안을 검토하고 있다. 또 45개 대기업집단의 일감 몰아주기 실태점검을 진행 중이다.

대기업집단 자산총액 순위

단위 : 조 원

기업명	자산액
삼성	348
현대차	210
SK	161
LG	106
롯데	103
포스코	80
GS	60
한화	55
현대중공업	53
농협	50
한진	37
두산	32
KT	31
신세계	29
CJ	25

* 2016년 6월 기준
자료 : 공정거래위원회

재벌개혁의 첫걸음, 소액주주 권리 확 늘린다

문재인 정부가 재벌개혁의 첫 번째 과제로 꼽은 것은 지배구조 개혁을 통해 경영구조를 투명하게 확립하는 것이다. 우선 이사회에서 소액주주의 목소리가 잘 전달되는 장치를 확대하는 게 핵심이다. 문 대통령은 집중투표제와 전자투표 의무화로 이사회와 주주총회에서 소액주주가 감사위원과 이사 선출에 더 큰 목소리를 낼 수 있도록 하겠다고 약속했다.

집중투표제는 기업이 주주총회에서 2명 이상의 이사를 선출할 때 주주에게 주식 수에 선출할 이사 수를 곱한 만큼 투표권을 주고, 동시에 투표를 진행해 특정 후보에 표를 몰아줄 수 있게 한 제도다. 한 번에 묶어서 투표를 진행하고 소수의 의견이 결과로 이어질 수 있다는 점에서 정치적으로는 중대선거구제와 비슷하다. 예컨대 한 기업의 주주총회에서 A, B, C 3명의 등기이사를 선출할 때 300주를 가진 주주D는 자신의 투표권 900표를 전부 자신이 지지하는 C후보의 이사선임에 찬성하는 데 쓰거나 이사선임을 막고 싶은 A후보의 반대에 몰아줄 수 있다.

통상 국내에 상장된 대부분 기업의 등기이사 선출방식은 단순투표제로 각 후보자에 대해 찬성과 반대를 결정하는 식이다. 이 방식으로는 소액주주들이 표를 모으더라도 대주주가 찬성하는 이사의 선임을 막을 수 없었다. 대주주의 입맛에 맞는 인사들이

문재인 대통령이 2016년 12월 26일 국회도서관에서 싱크탱크 정책공간 국민성장이 주최한 대한민국 바로 세우기 제2차 포럼에 참석하고있다.

이사회를 장악하면서 주식회사에서 가장 핵심적 의사결정기구인 이사회가 대주주, 총수일가의 거수기로 전락했다는 비판이 나온 배경이다. 하지만 집중투표제를 도입하면 대주주와 우호주주의 보유지분이 아무리 많아도 총 의결권의 수가 모든 후보의 과반을 넘길 만큼 충분치 않으면 이사회 구성에 소액주주의 의견이 반영될 수 있다.

집중투표제 도입을 골자로 하는 상법개정안은 더불어민주당이 2016년 발의한 바 있다. 현 제도로도 기업들이 집중투표제를 자발적으로 도입할 수 있지만 '고양이가 스스로 방울을 다는 격'이어서 불가능에 가깝다. 공정위에 따르면 2016년 말 기준 국내 대기업집단 내 상장사 165개 중에서 8곳(4.9%)만 집중투표제를 도입했다. 이마저도 실제 의결권이 행사된 사례는 없는 것으로 나타났다.

집중투표제에 대한 반론도 많다. 대기업들은 이 제도가 도입되면 '기업사냥꾼'으로 불리는 해외 행동주의 헤지펀드들의 공격에 노출돼 경영권을 유지하기 어려울 것이라고 주장하고 있다. 또 다양한 의견을 가진 이사들이 포진할 경우 의사결정 속도가 떨어지고 중장기적 관점의 전략수립이 불가능할 것으로 우려한다. 짧은 시간 주식을 보유하는 세력들이 이사회에 진입해 투자보다는 주주 배당 확대를 이끌어 기업의 곳간을 빼먹을 수 있다는 주장이다.

전자투표 의무화 또한 주주들의 권리를 강화해 이사회를 견제할 주주총회의 위상을 높이는 제도다. 통상 주주총회 안건에 투표하기 위해서는 주총에 직접 가거나 대리인을 보내야 한다. 보유 주식의 수가 적어 결과에 영향을 미치기 어려운 소액주주들은 직접 주총에 가서 투표에 나서는 경우가 드물었다.

그 결과 상장사들은 의결권 대리행사(새도우보팅) 제도를 통해 정족수를 채우면서 지배주주가 원하는 방향으로 결론을 내기가 수월했다. 상당수 기업들이 같은 날 주총을 여는 '슈퍼주총데이' 관습은 소액주주들의 주총 참여를 막아 주주권을 침해한다는 지적이 수도 없이 제기됐다. 전자투표제는 주주들이 주총에 직접 가지 않더라도 인터넷을 통해 의사결정에 참여할 수 있도록 해 소액주주의 참여를 늘리는 방법이다.

집중투표제와 전자투표제가 등기이사, 감사위원의 선출단계에서 주주의 권한을 강화하는 장치라면 대표소송 단독주주권과 다중대표소송제는 기업이 부당한 행위를 했을 때 주주가 사후적인 배상을 청구할 수 있는 법적 장치다. 문 대통령은 "기업 밖에서 소액주주의 권리를 강화시켜 총수일가의 횡포를 견제할 수 있게 하겠다"고 말했다.

1997년 제일은행 소액주주 52명은 이철수 전 제일은행장 등 전·현직 이사 4명을 상대로 특정 기업에 대한 부실대출로 회사에 끼친 피해를 배상하라며 소송을 냈다. 제일은행이 한보그룹에 대해 부당한 대출을 해줬다 부실화돼 은행이 위기에 빠졌다는 이유에서다. 5년여의 소송 끝에 대법원은 2002년 전·현직 이사 4명에게 은행에 10억 원을 배상하라고 판결했다. 주주가 회사를 대신해 경영진에 법적 책임을 물어 처음 승소한 주주 대표소송 1호다.

이처럼 주주 대표소송은 경영진이 회사에 피해를 끼친 경우 일정한 자격을 갖춘 주주가 회사를 대신해 배상을 청구하는 제도다. 재판에서 승소하는 경우 배상금은 청구한 주주가 아닌 회사의 몫으로 돌아가 주주가 직접 배상을 받는 집단소송과는 다르다. 현행 상법에서는 상장사 총 발행주식의 0.01% 이상(비상장

법인은 1%)을 갖고 있을 때만 대표소송을 제기할 수 있다. 1997년에 보유기간 6개월, 지분율 1%였던 소송자격은 이듬해 상법 개정으로 현행 0.01% 이상으로 완화됐다.

단독주주권은 1주의 주식만 보유하더라도 대표소송을 제기할 수 있는 권한을 말한다. 1998년에 비해 대기업의 규모가 커지면서 지분 0.01%의 자격을 확보하려면 수십~수백억 원대의 주식을 보유해야 하는 경우가 많아졌기 때문이다. 예컨대 2017년 4월 7일 기준 삼성전자의 시가총액은 292조 7,537억 원으로 대표소송을 내기 위해서는 약 293억 원(0.01%)어치의 주식을 보유하고 있어야 한다. 하지만 단독주주권이 도입되면 주식을 얼마나 가지고 있는지에 상관없이 회사를 대신해 경영진에 배상책임을 물을 수 있게 된다. 다중대표소송은 지주회사의 주주가 자회사나 손자회사 경영진의 불법행위 등에 대해 회사의 손실을 배상하라고 요구하는 것이다.

문 대통령은 "총수일가의 사익편취가 주로 지주회사의 비상장계열사에서 일어나는 것을 감안해 다중대표소송 제도화가 필요하다"고 말했다. 또 소송의 실효성을 확보하기 위해 모회사의 주주가 자회사의 회계장부를 열람할 수 있는 다중장부열람권도 제도화하겠다고 밝혔다. 다중대표소송을 도입한 대표적 국가는 일본이다. 다만 일본에서는 모회사가 자회사의 주식 100%를 보유할 경우에만 제한적으로 허용하고 있다. 우리와 다른 영미법 체계인 미국에서는 판례를 통해 자회사 경영진에 대한 대표소송을 인정하고 있다.

다중대표소송은 이미 2012년 자유한국당(당시 새누리당)이 대선 공약으로 내세워 입법화를 추진했다. 하지만 자회사에 대한 모회사 주주의 경영간섭으로 독립경영 원칙을 해친다는 여론에 밀려 도입되지 못했다. 문재인 정부에서는 다중대표소송 도입 시 지주회사의 자회사 지분율 기준을 얼마로 설정할지를 두고 논란이 벌어질 전망이다.

현재 국회에 계류된 다중대표소송 관련 상법개정안에는 더불어민주당에서 발의한 50%안과 국민의당에서 낸 30%안이 있다. 자유한국당은 일본과 같이 지분율 100%일 경우에만 대표소송을 허용하자는 주장을 내세우고 있다. 재계에서는 대표소송 단독주주권과 다중대표소송제 등이 도입될 경우 남발하는 소송에 대응하느라 기업들이 너무 많은 인력과 재원을 낭비할 수 있다는 우려를 제기하고 있다.

재벌 지배구조 개혁을 위한 또 다른 '채찍'은 노동자추천이사제와 재벌에 대한 '무관용의 원칙'이다. 문 대통령은 "공공부문에 먼저 노동자추천이사제를 도입하고 이를 4대 재벌, 10대 재벌 순으로 확대해 노동자가 경영에 참여하는 길을 열겠다"고 말했다.

문 대통령이 언급한 무관용의 원칙은 정책이나 제도는 아니지만 재벌총수 등 기업인이 법을 어길 경우 엄벌하겠다는 의지를 강조해 재벌을 압박하는 또 다른 방책으로 작용할 전망이다. 박근혜 정권이 최태원 SK 회장과 이재현 CJ그룹 회장을 나란히 사면해주면서 사회적 비판여론이 높았고, 정권 말 박근혜-최순실 국정농단 사건에도 이들 기업인의 사면이 직간접적으로 연결돼 있다는 것을 의식한 결과다. 문 대통령은 "중대한 반시장 범죄자는 기업경영에 참여할 수 없게 만들어 시장에서 퇴출시키겠다"며 "집행유예가 불가능하게 법정형을 높이고 대통령의 사면권도 제한하겠다"고 밝혔다.

기관투자자들의 힘을 빌려 기업 투명성을 높일 수 있는 제도인 스튜어드십코드Stewardship code도 강화된다. 문 대통령은 "(2015년) 삼성물산 합병에 국민연금이 동원된 것과 같은 일이 재발되지 않도록 하겠다"며 국민연금을 비롯한 기관투자자들이 적극적으로 주주권을 행사할 수 있도록 스튜어드십코드의 실효성을 높이고 자본시장법을 개정하겠다"고 말했다.

스튜어드십코드는 연기금, 보험사, 자산운용사 등 기관투자자들이 기업 의사결정에 적극 참여해 주주로서 역할을 다하면서 위탁받은 자금의 주인인 고객에게 이를 투명하게 보고하도록 하는 가이드라인이다. 기관투자자가 수탁자산의 수익을 위해 의사결정에 적극적으로 개입해야 한다는 주장이 힘을 받으면서 2010년 영국을 시작으로 캐나다, 스위스, 홍콩, 싱가포르 등 10

여 개 국가에서 도입됐다. 금융위원회는 민관이 함께 참여한 '스튜어드십코드 제정위원회'를 통해 한국형 스튜어드십코드를 만들고 2016년 12월 19일부터 연기금, 금융투자회사 등이 자율적으로 적용하도록 했다. 하지만 국민연금 등 주요 연기금이 이를 채택하지 않으면서 실효성이 없다는 지적이 나오고 있다.

기관투자자들이 스튜어드십코드 채택에 미온적인 것은 사실상 연기금의 방향을 결정하는 국민연금의 소극적 태도 때문이다. 그런데 일각에서는 2015년 삼성물산과 제일모직의 합병에 찬성한 국민연금이 당시 스튜어드십코드를 채택하고 있었더라면 최근 외압 의혹이 일고 있는 국민연금의 대응과 결정이 달라졌을 것이라는 목소리가 나온다. 새 정부에서는 자본시장법 개정 등을 통해 연기금의 스튜어드십코드 채택을 독려할 것으로 보인다.

기업 양극화 막고 을Z을 지켜내는 길 강화

문 대통령은 "현행 공정거래법에 의하면 크기가 100배 차이인 1위 삼성과 65위 기업이 동일한 재벌규제를 받고 있다"며 "10대 재벌에 집중한 강력한 규제를 도입하고 이를 통해 전체 대기업의 변화를 이끌어내겠다"고 말했다. 재벌기업 특히 삼성을 중심으로 경제력 집중현상이 심하고 중소기업과 소상공인은 소외되는 경제구조로는 성장을 이룰 수 없다는 인식에서다. 문 대통령은 "양극화의 결과 4대 재벌을 제외한 다른 30대 재벌기업들은 부채비율이 높고 이자보상배율이 마이너스인 부실상태"라면서 재벌개혁의 목표를 상위 4대, 10대 재벌로 분명히 했다.

재벌의 문어발식 확장을 막기 위한 최우선 대책은 지주회사 요건과 규제를 강화하는 것이다. 구체적으로는 지주회사의 자회사에 대한 의무소유비율을 높이고 부채비율 한도를 낮추는 안이다. 지주회사는 IMF 외환위기 이후 대기업 구조조정 과정에서 지배구조를 단순화하고 투명성을 높이자는 취지로 1999년 국내에 처음 도입됐다.

현행 공정거래법에 의하면 지주회사는 자산총액이 5,000억 원을 넘고 자회사 주식이 총 자산의 50% 이상이어야 한다. 또 지주회사는 자회사 지분을 최소 40%(상장사는 20%) 이상 보유해야 하고 부채비율을 200% 미만으로 유지해야 한다. 19세기부터 지주회사 시스템이 자리를 잡은 미국에서는 지주회사만 시장에 상장을 하고 자회사와 손자회사들은 비상장기업 형태로 지주회사가 지분을 100% 보유하는 형태가 많다. 지주회사를 통한 지배구조의 역사가 길어 이 같은 구조가 자리를 잡은 것이다.

우리는 1997년 외환위기 전까지 지주회사 제도가 경제력 집중 수단으로 악용될 수 있다며 지주회사 설립을 금하다가 외환위기 이후에는 반대로 구조조정과 순환출자구조 해소를 위해 지주회사 전환을 유도하기 시작했다. 의무소유비율을 40%로 정한 것은 순환출자구조의 기업들이 지주회사제로 전환할 수 있게끔 문턱을 낮춰준 것이다.

의무소유비율을 높여 지주회사의 구조를 건전하게 만들 수는 있지만 자회사 지분을 추가로 사들여야 하는 기존 대기업 지주회사들은 큰 풍파를 겪게 됐다. 자회사가 상장사인 경우 지분소유비율을 맞추기 위해 시장에서 상당량의 지분을 사들여야 하는데 이러한 정책의 추진만으로도 자회사의 주가가 오를 가능성이 높다. 지주회사 입장에서는 자회사 지분을 확보하기 요원해지고 시장에서도 기업가치와 관계없는 주가변동이 발생하는 셈이다. 이 때문에 앞으로 지주회사의 의무소유비율을 얼마나 강화할 것인지를 놓고 갑론을박이 계속될 전망이다.

한편 문 대통령은 골목상권 보호를 위해 재벌의 업종확대를 제한하는 규제도 시행할 계획이다. 2017년 2월 23일 서울 서대문 영천시장을 방문한 문 대통령은 "재벌과 대형유통업체가 골목상권과 전통시장을 먹어 삼킬 때 정부는 어디에 있었나"라면서 "소상공인·자영업자가 어려운 이유는 정부가 무능하기 때문"이라며 적극적인 업종제한 규제를 시사했다.

문 대통령의 공약과 행보에 비춰볼 때 현재 대기업의 출점과 진입을 제한하는 중소기업 적합업종 규제가 현재보다 강화될 전망이다. 2016년 기준으로 현재 서점, 제과점, 자전거포, 중고차 판매, 음식점업, 자동판매기 운영 등의 사업에는 대기업이 진출할 수 없다. 문 대통령은 "중소기업에 적합한 업종은 중소기업이, 서민기업에 적합한 업종은 서민이 경영해 상생하는 시장경제를 이뤄지게 하겠다"고 말했다.

일감 몰아주기, 부당내부거래, 납품단가 후려치기 같은 재벌의 갑질 횡포에도 철퇴가 내려진다. 문 대통령이 약속한 경찰, 검찰, 국세청, 공정위, 감사원, 중소기업청 등 범정부 차원의 '을지로위원회'가 구성되면 재벌의 갑질에 대한 소관기관의 합동조사와 수사가 가능해질 전망이다.

앞서 더불어민주당은 2013년 5월 남양유업의 대리점 밀어내기 갑질을 계기로 사회 전반에서 갑의 횡포를 뜯어고치겠다며 같은 이름의 을지로위원회를 출범시켰다. 을지로는 '을을 지키는 길'이라는 의미다. 이후로 케이블TV 설치노동자의 간접고용 문제를 해결하고 아프리카 박물관에서 비인격적 대우를 받는 아프리카 예술가의 근로조건을 개선하며 존재감을 키웠다. 문 대통령이 공약으로 내건 을지로위원회는 기업 등 갑질의 주체에 실질적 처벌을 할 수 있는 정부기관으로 구성돼 있어 기존 위원회보다 더 강력하게 을을 보호할 수 있을 것으로 보인다.

금산분리 규제를 강화하겠다는 공약은 4대 재벌, 특히 삼성을 정조준하고 있다. 문 대통령은 "금융시장은 기업의 행위를 객관

문재인 대통령이 2017년 3월 15일 오전 여의도 당사에서 대선캠프 인사 영입을 발표한 뒤 손을 잡고 포즈를 취하고 있다. 왼쪽부터 김호기 연세대 교수, 문 대통령, 김광두 전 국가미래연구원 원장, 김상조 한성대 교수.

적 입장에서 감시, 감독해 효율적으로 자본을 배분하는 본래의 기능을 찾아야 한다"며 "재벌이 장악한 제2금융권을 재벌의 지배에서 독립시키겠다"고 말했다.

4대 재벌 중에서 15년 전 금융업 포기를 선언한 LG를 제외하고는 삼성, 현대차, SK 모두 금융계열사를 갖고 있다. 하지만 규모를 따져보면 생명, 화재, 카드, 증권 등을 보유한 삼성이 압도적으로 금융계열사의 비중이 크다. 삼성생명은 삼성전자 지분의 7.88%, 삼성화재는 1.32%를 보유하고 있다(2017년 4월 기준).

문재인 정부는 금산분리 강화를 위해 금융계열사의 타 계열사 의결권 행사를 제한하는 방안을 추진하고 있다. 더불어민주당이 2017년 초 발의한 금산분리 관련 공정거래법 개정안에는 계열회사 간 합병, 영업의 전부 또는 주요 부분의 양도 안건에서 금융계열사의 의결권 행사를 배제하는 내용이 담겨 있다. 대주주가 금융계열사의 지분을 지배력 강화의 수단으로 악용하는 것을 막기 위해서다. 또 다른 개정안에는 현재 15%로 제한하고 있는 의결권을 3%로 줄이자는 내용도 담겼다. 아울러 계열사 간 자본 출자를 적격자본에서 공제하는 그룹 자본적정성 평가 시스템 도입도 추진하고 있다.

공정한 시장경제를 위한 초석

문 대통령은 "재벌개혁은 재벌의 기업활동을 억압하는 것이 아니라 재벌이 총수일가의 사익에서 벗어나 선진국형 기업으로 발전할 수 있는 길"이라며 "재벌의 긍정적 역할은 강화하고 부정적 측면을 개혁해야 진정한 시장경제가 이뤄질 것"이라고 말했다.

문재인 정부가 공정한 시장경제 구현을 위해 내놓은 정책은 징벌적 손해배상제의 강화다. 현재도 하도급법, 가맹사업법, 개인정보보호법, 제조물책임법 등에 손해액의 최대 3배를 보상하는 징벌적 손해배상제가 시행 중이지만 새 정부는 범위와 배상의 폭을 크게 확대한다는 계획이다.

문 대통령은 피해액의 10배까지 손해배상액을 늘리는 방안을 제안했다. 2017년 4월 10일 여의도 중소기업중앙회에서 열린 중소기업단체협의회 초청 강연회 발언에서는 "현행법에서 배상액이 최고 3배로 규정됐지만 이것만으로 중소기업들이 소송하기 쉽지 않을 것으로 본다"며 "중소기업이 대기업을 상대로 소송하려면 상당히 많은 보복과 피해를 감수해야 한다. 다른 기업들과도 거래가 끊기는 위험부담까지 걱정해야 하는 처지에서 정말 제대로 보상받을 수 있는 확실한 손해배상이 필요하다고 생각한다"고 밝혔다.

징벌적 손해배상제도는 1760년대 영국 법원의 판결에서 비롯되면서 주로 영미법 체계의 국가들이 채택하는 경우가 많다. 영국이 제한적 경우에만 징벌적 손해배상을 적용하는 것과 달리 미국은 거의 모든 주에서 시행하고 있으며 배상한도도 넓게 적용하고 있다.

한국은 2011년 하도급법을 개정하면서 원청업체가 부당한 위탁취소, 부당반품, 부당하도급대금 등으로 하청업체에 손해를 입힌 경우 최대 3배를 배상하도록 정해 징벌적 손해배상제를 처음으로 도입했다. 이미 여러 분야에 징벌적 손해배상제를 추가로 도입하고자 하는 법안이 봇물처럼 터져나오고 있다. 2017년 1월 정부가 영업비밀 침해행위에 대한 징벌적 손해배상제를 도입하는 부정경쟁방지 및 영업비밀보호에 관한 법률 개정안을 발의했다. 또 금융소비자보호법, 환경보건법, 근로기준법, 채권추심법, 보험업법, 노동조합법, 최저임금법 등에 징벌적 손해배상 조항을 추가하는 법안 20여 건이 국회에 계류돼 있다.

문 대통령은 대기업과 프랜차이즈 가맹본부의 불공정거래에 속수무책인 소상공인과 자영업자를 보호하기 위해 공정거래위원회(공정위)의 권한을 지방자치단체로 분산시키겠다고 공약했다. 공정거래법 집행을 공정위가 독점하는 현 체제에서 경쟁의 원리를 도입하겠다는 것이다.

문 대통령은 고발에 관한 권한 외에 조사·제재 등 공정거래법 집행과정 전반을 지자체와 협업할 수 있게 만든다는 구상이다. 지자체에 공정거래지원센터 형태의 조직을 만들고 공정위가 공정거래협력관을 파견해 지역의 불공정거래 사건을 조사하고 과태료까지 매길 수 있게 해 집행 절차와 시간을 줄인다는 것이다.

공정위는 이미 2017년 업무보고에서 가맹거래법과 하도급법 관련 업무 일부를 지자체로 이관하는 방안을 추진하고 있다. 현재 공정위에 들어오는 민원이 연간 5만 건 수준인데 처리인력은 1,500명 수준으로 처리능력이 부족하기 때문이다.

공정위가 대기업의 불공정행위를 효과적으로 조사·분석할 수 있게끔 대기업 전담부서를 확대하는 방안도 추진한다. 일감 몰아주기 등 대기업의 불공정거래를 분석하고 관련 사건을 조사하는 기능을 한데 모으겠다는 것이다. 일각에서는 김대중 정부부터 2005년까지 운영됐던 '조사국'의 부활로 해석하고 있다.

　문 대통령은 "기업들의 불공정행위에 대한 조사권한을 확대하고 조사활동 방해에 대한 처벌을 강화하는 등 공정위의 법집행 역량도 강화할 것"이라고 공약했다.

문재인의 말말말

— "재벌 총수일가를 위한 일감 몰아주기, 부당 내부거래, 납품단가 후려치기 등으로 중소기업은 수탈의 대상이 되고 있다. 새 정부는 중소기업의 어려움을 방관하지 않겠다. 중소기업이 마음껏 일할 수 있도록 적폐를 청산하겠다."

- 대선후보 중기정책 관련 강연회, 2017. 4. 10.

— "우리 경제를 살리는 데 재벌 대기업이 견인차 역할을 해야 한다. 자신의 성장이나 이익만을 도모하지 말고 우리 경제를 좀 더 공정하게 만들고 우리 경제를 혁신해서 일자리를 더 많이 만드는 노력을 해달라."

- 대기업 연구소장 간담회, 2016. 10. 13.

— "삼성 개혁이 공정한 경제를 만드는 출발이라고 확신한다. 10대 재벌에 대해 특별하게 개혁을 지켜보고 그중 삼성에 대해선 더욱 특별히 제대로 개혁되는 모습을 지켜보겠다. 심하게 얘기하면 그만큼 삼성이 우리 사회를 지배한다고 할 정도로 영향력이 막강하다."

- 〈시사IN〉 인터뷰, 2016. 12. 27.

— "한국의 지속적 성장과 발전을 위해 한국 경제의 패러다임을 과감하게 바꾸겠다. 21세기 글로벌 환경 변화에 맞게 새로운 질서, 새로운 체제, 새로운 가치를 만들겠다. 특권계층과 대기업 재벌만 잘사는 불균형경제가 아닌 서민과 중산층, 온 국민이 골고루 함께 잘사는 공정한 경제균형발전, 국민성장시대를 열겠다."

- 주한외국경제단체와의 대화 모두발언, 2017. 4. 12.

— "대기업의 갑질은 반칙과 기득권이 만든 그야말로 경제적폐다. 밀어내기, 후려치기, 몰아주기, 꺾기, 담합, 기술착취, 중간착취를 근절하지 못한다면 정부가 어떤 중소기업, 소상공인 대책을 내놓아도 효과를 보기 어렵다."

- '문재인의 경제비전' 발표, 2017. 4. 12.

— "제가 이루고자 하는 성장은 혜택이 부자·재벌 대기업에만 가지 않고 중소기업과 모든 국민에 골고루 배분되는 국민성장이다. 국민성장이 이뤄져야 민생과 내수가 살고 경제를 성장시킬 수 있다."

- SBS·한국기자협회 공동주최 토론회, 2017. 4. 13.

— "(경제성장의 구체적 방안으로) 주요 순서대로 말하자면 첫 번째가 일자리, 두 번째가 재벌개혁, 세 번째가 대기업 중소기업 간의 공정한 경제 생태계, 그 다음에 비정규직·최저임금 현실화 문제 정도를 말할 수 있다."

- 〈조선일보〉 인터뷰, 2017. 1. 16.

— "준조세는 반기업적이다. 아예 없앨 뿐만 아니라 다시는 그런 것이 발붙일 수 없도록 (공약으로) 하겠다. 경제를 살리라고 법인세까지 경감해주면서 뒤로는 수천억 원씩 걷어가는 건 말이 안 된다."

- 〈매일경제〉 인터뷰, 2016. 10. 17.

문재인 철학 담긴 '사회적 가치 기본법'은

문 대통령은 19대 국회위원이던 2014년 6월 '공공기관의 사회적 가치 실현에 관한 기본법'을 발의했다. '사회적 가치 기본법'이라 불리는 이 법은 문 대통령의 사회적·정치적 철학이 고스란히 담겨 있다는 평가를 받는다. 비록 19대 국회에서 빛을 보지 못하고 사라졌지만 2016년 8월 20대 국회에서 '사회적 경제 기본법', '사회적 경제 기업 제품의 구매촉진 및 판로지원에 관한 특별법' 등과 함께 사회적 경제 3대 법안으로 다시 제안됐다.

사회적 가치 기본법은 세월호 참사 이후 사람의 생명과 안전보다 이윤을 앞세운 사회풍토에 대한 비판이 나오면서 정책의 기본목표를 경제적 가치가 아닌 사회적 가치로 전환해야 한다는 취지로 탄생했다.

사회적 가치는 인권, 노동권, 안전, 생태, 사회적 약자 배려, 양질의 일자리, 대기업·중소기업 상생협력 등 공공의 이익과 공동체 발전에 기여하는 것을 뜻한다. 사회적 가치 기본법은 공동체의 발전과 공공의 이익을 핵심 국가운영 원리의 하나로 규정하는 법안이다. 예컨대 정부에서 물품이나 용역을 발주하면서 값싼 제품을 찾기보다는 사회적으로 올바르게 생산된 제품을 선별하도록 근거를 만든 것이다.

최근 영국은 정부가 제품이나 서비스를 구매할 때 최저가를 선택하는 대신 사회적 가치를 고려해 최고의 가치를 지닌 쪽으로 선택할 수 있게끔 법령과 지침을 정비했다. 유럽연합EU도 '유럽 2020' 전략에 따라 사회적 가치 중심의 조달지침을 마련해 경제·사회·환경적 가치의 균형을 찾고 있다.

문 대통령은 19대 국회에서 법안을 제안하면서 "사회적 가치를 정책수행의 기본원리로 고려하고, 공공기관의 사업수행과 정책집행 과정에 있어 사회적 가치 실현을 공공기관의 성과로 평가하는 제도개선이 필요하다"며 "공공기관이 수행하는 조달, 개발, 위탁, 기타 민간지원 사업에서 비용의 효율성보다는 사회적 가치를 고려하도록 하고 이를 공공기관의 평가에 반영토록 한다"고 설명했다. 사회적 가치 기본법과 함께 3대 사회적 경제 법안으로 꼽히는 사회적 경제 기본법안은 사회적경제발전위원회와 사회적경제발전기금을 설치하고 정부와 지자체에 사회적 기업의 제품을 5% 의무구매하는 방안을 담고 있다.

또 사회적 경제 기업 제품 특별법안에는 사회적 경제 기업 제품을 우선적으로 구매하고, 구매촉진위원회를 설치하는 내용이 담겼다. 20대 국회에서 이 법을 재발의한 윤호중 더불어민주당 의원은 "세월호 참사와 가습기살균제 피해와 같은 비극은 경제적 이익 때문에 마땅히 지켜져야 하는 사람중심의 원리가 훼손된 결과"라며 "자본주의 경제의 대안으로 세계적 주목을 받아온 사회적 경제가 우리 사회에서 보다 튼튼히 뿌리내리도록 만들 것"이라고 말했다.

문재인 정부의 출범과 함께 3대 사회적 경제 법안의 국회 통과에도 힘이 실릴 전망이다. 전문가들은 정부와 공공기관이 조달에서 사회적 가치를 우선시할 경우 관련 시장의 판도가 크게 바뀔 것으로 내다보고 있다.

소상공인·자영업자가
안심하고 돈 버는 시대

자영업자들이 벼랑 끝으로 내몰리고 있다. 통계청에 따르면 2015년 자영업 5곳 가운데 1곳(21.2%)이 월 100만 원도 채 못 벌었다. 자영업 인구가 470만 명이니 어림잡아 100만 명가량이 '빈곤선'에 놓인 것이다. 이들은 최저임금(월 136만 원)보다도 벌이가 적었다.

특히 최근 들어 상황이 악화됐다. 박근혜 정부 3년(2013~2015년) 사이 자영업자 가구당 소득은 317만 원 증가한 반면 부채는 이보다 3배 많은 954만 원이 늘었다. 이 때문인지 자영업자의 빈곤율은 12.9%(2015년)나 된다. 상용근로자가 4.1%인 것을 감안하면 상황이 매우 열악하다.

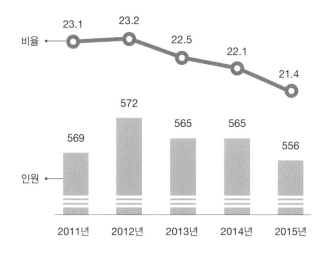

줄어드는 자영업자 비율

단위 : %, 만 명

비율
23.1　23.2
22.5
22.1
21.4

인원
569　572　565　565　556

2011년　2012년　2013년　2014년　2015년

*비율은 전체 취업자 대비
자료 : 통계청

그 이유는 복합적이다. 먼저 베이비부머 세대가 본격적으로 은퇴하면서 창업자가 늘었다. 여기에 더해 제조업이 붕괴하면서 거제시, 통영시 등을 중심으로 음식·숙박업 폐업이 늘었다. 또 프랜차이즈 본사의 '갑질'로 인해 계약 갱신(보통 3년)마다 1억 원이 넘는 인테리어 비용 등을 부담해야 한다. 그나마 낮은 금리 대출 덕분에 겨우 연명하는 자영업자가 부지기수다.

OECD 회원국 중 자영업자 비율 상위권

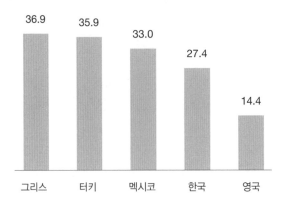

단위 : %

36.9 그리스
35.9 터키
33.0 멕시코
27.4 한국
14.4 영국

*2013년 기준(무급가족종사자도 도함)
자료 : OECD

절반 이상 한 해 5,000만 원 못 벌어

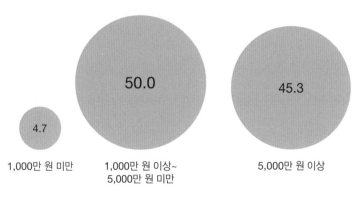

단위 : %

4.7
1,000만 원 미만

50.0
1,000만 원 이상~
5,000만 원 미만

45.3
5,000만 원 이상

*2005년 기준, 비율은 전체 자영업자 대비
자료 : 통계청 가계금융·복지조사

이런 상황에서 문재인 대통령은 어떤 비전을 내놓았을까. 출구가 안 보이는 상황에서 내놓은 답이 '소득 증대'다. 자영업하기 좋은 '환경'을 만들어서 소상공인·자영업자들의 주머니를 '두둑이 하는 것'이다.

카드 수수료·임대료 부담 낮춘다

문 대통령의 소상공인·자영업 대책은 2017년 2월 23일 서대문구 영천시장에서 발표한 '정책 구상'에 담겨 있다. 핵심은 우선 소상공인·자영업자 경영 부담을 낮춰서 소득을 높이는 데에 있다. 문재인식 '소득주도성장론'을 자영업자에게도 확대 적용하겠다는 것이다.

먼저 이를 위해 문 대통령은 카드 수수료를 낮추겠다고 밝혔다. 문 대통령은 "소상공인·자영업에 큰 부담이 되는 카드 수수료를 대폭 인하하겠다. 영세가맹점 우대수수료율 기준을 2억 원에서 3억 원으로, 중소가맹점은 3억 원에서 5억 원으로 확대하겠다. 연매출 5억 원 이하의 중소가맹점에 대해 적용되는 우대수수료를 1.3%에서 1%로 점진적 인하하겠다"고 밝혔다.

이 같은 공약이 실현된다면 우대수수료율 적용 대상이 5억 원 이하로 확대되면서 혜택을 받는 자영업자가 약 28만 7,000명

(2016년 1월 기준) 늘어날 것으로 보인다. 또한 연매출 5억 원 기준으로 최대 150만 원(0.3%포인트 적용) 가량 카드 수수료를 아낄 수 있어 소상공인들에게 도움이 될 것으로 보인다.

다만 카드업계는 벌써부터 우려를 표시하고 있다. 지난 18대 대선 이후 카드 수수료율이 연거푸 인하됐는데 이번에 또 인하되면 카드업계의 경영난이 불가피하다는 것이다. 하지만 2016년 초 신용카드 수수료율을 연 매출 2억 원 이하 영세가맹점은 0.8%로, 연 매출 2~3억 원인 중소가맹점은 1.3%로 낮췄는데도 불구하고 카드사 수수료 수익은 되레 3,156억 원 늘어나 카드업계 주장은 설득력이 약하다는 반론도 있다. 또한 자유한국당 역시 3~5억 원 가맹점에 대한 수수료 인하를 공약한 바 있어 정치권발 '수수료율 인하'가 현실화될 가능성이 크다는 분석이다. 문 대통령은 "약국, 편의점, 빵집 등 소액 다결제 업종에 대한 우대 수수료율을 적용하겠다"고 밝혔다.

카드 수수료 인하와 더불어 나온 공약이 임대료 인하다. 문 대통령은 "상가임대차보호법을 개정해 임대료 상한한도를 9%에서 5%로 인하하고, 상가임대차 계약갱신청구 기간을 점진적으로 연장하겠다"고 밝혔다.

현재 자영업자에게 가장 힘든 것이 바로 건물주의 "싫으면 나가"를 방치하는 임대차보호법이다. 실제 지난 5년간(2011~2016년) 서울 마포구 합정동의 상가 임차료 평균 상승률은 215%에 달했다. 연평균으로 따지면 15% 이상 오른 꼴이다. 이로 인해 일어나는 것이 바로 '젠트리피케이션(낙후된 구도심이 개발된 후 임대료가 오르자 개발에 기여했던 임차인들이 내몰리는 현상)'이다. 신사동 가로수길에 대형 의류 브랜드들이 들어서고 가로수길을 일군 소상공인들은 주변으로 내몰린 것이 대표적인 예다.

이에 국회는 2016년 상가임대차보호법을 개정, 임차료 인상률을 연 9% 이내로 제한했다. 그러나 환산보증금(보증금+월세×100)이 4억 원 이하(서울 기준)인 점포만 해당하는 데다 연 9%도 너무 높아 재개정을 요구하는 목소리가 높다. 2016년 하반기 이후 한국은행 기준금리가 1.25%인 상황에서 연 9% 임대료 인상은 지나치게 높다는 것이다. 또한 상가 운영을 통해 투자비용을 회수하기엔 보호를 받는 5년이 너무 짧다는 것이 소상공인들의 공통된 의견이다.

이에 국회에서는 대책 마련에 나서고 있다. 2017년 초 열린 '지역상권 보호 및 활성화 지원 법안' 공청회에서 이정현 무소속 의원과 홍익표 더불어민주당 의원은 계약갱신청구권 행사 기간을 5년에서 10년으로 늘리고 임대료 인상률을 낮추는 법안을 발의했다고 밝혔다.

만일 연간 임대료 5,000만 원을 건물주에게 지급하는 자영업자는 그 다음 해엔 9%를 얹은 5,450만 원을 내야 하지만, 공약대로 임대료 상한한도를 연 5%로 낮출 경우 5,250만 원만 내면

된다. 약 200만 원가량을 아낄 수 있다는 이야기다. 문 대통령은 "아울러 소상공인과 자영업 사장님에 대한 의료비·교육비 세액공제를 확대하겠다. 또한 소상공인과 자영업에 대한 지원 확대를 위해 중소기업청을 중소벤처기업부로 승격하고 범정부 차원의 을지로위원회를 구성하겠다"고 밝혔다.

을지로위원회는 민주당의 당내 조직으로 대기업과 중소기업 및 소상공인 간 갈등 해결을 위해 2013년 5월 출범했다. 갑을관계 속에서 약자인 '을'을 지키겠다는 취지다. 가령 을지로위원회는 광주 신세계 복합쇼핑몰 건립을 반대하는 등 지역의 소상공인을 위해 일하고 있다. 특히 문 대통령은 범정부 차원의 을지로위원회를 구성하겠다 밝혀서 앞으로 각 부처별로 '갑질'을 감시하는 을지로위원회가 설치될 것으로 전망된다.

하지만 이에 대해 우려의 목소리가 높은 것도 사실이다. 재계 일각에서는 "을지로위원회가 오히려 기업들의 경영 자율과 자유를 침해하고 있다"고 반발하고 있다. 복합쇼핑몰 등을 입점시키려 하는데 을지로위원회가 막아서는 바람에 사업 자체가 좌초되는 경우가 종종 발생하기 때문이다. 정준길 자유한국당 대변인은 논평에서 "특정 기업을 찾아가 계약서 등 서류를 내놓으라 하고, 응하지 않으면 국회 청문회나 국정감사에 불러내겠다고 으름장을 놓는가 하면 공정위로부터 이미 과징금을 부과받은 업체에 제멋대로 추가보상이나 양보를 요구하는 사례도 있었다"고 주장했다. 앞으로 소상공인, 자영업자를 보호하기 위한 을지로위원회 위상이 강화되겠지만 한편으로는 이로 인한 사회적 갈등도 격화될 것으로 보인다.

소상공인 적합업종 만들어 골목상권 보호

또한 문 대통령은 소상공인·자영업자 사업을 보호하기 위한 조치도 내놓았다. 대표적인 것이 소상공인 적합업종이다. 소상공인이 영위하고 있는 사업에 대기업 등의 참여를 제한하겠다는 것이다.

실제로 더불어민주당 이훈 의원은 2017년 1월 '소상공인 생계형 적합업종 지정에 관한 특별법'을 대표발의했다. 이 법안은 대기업이 음식료·제과·도소매 등 소상공인 적합업종 사업에 진출하기 위해 해당 업계 기업을 인수하는 것을 금지하고 있다. 또한 이미 사업을 하고 있는 대기업에는 부담금을 부과할 수 있도록 하는 방안도 포함됐다. 이 의원은 "정부가 2006년 중소기업 고유업종제도를 폐지한 이후 2009~2014년 재벌 계열사가 모두 477개 증가했는데 그중 소상공인 영위 분야가 387개(81.1%)에 달해 결국 소상공인들의 시장 매출 및 점유율 하락과 경영환경 악화로 이어지고 있다"며 "영세 소상공인의 생존권을 보호하고 국민

문재인 대통령이 2015년 7월 14일 서울 양천구 신월동의 한 호프집에서 열린 소상공인들과 간담회에서 인사말을 하고 있다. 문 대통령은 이날 메르스 사태로 타격을 입은 소상공인들과의 대화에서 앞으로 국회차원에서 골목상권을 살릴 수 있는 대책을 마련하겠다고 말했다.

경제의 균등한 발전을 도모하고자 이 법을 발의했다"고 밝혔다.

이 같은 안이 나온 이유는 민간 자율형식으로 2011년 중소기업 적합업종을 발표했지만 말 그대로 '자율'이어서 실효성이 부족했다는 지적을 수용했기 때문이다. 하지만 향후 추진 과정에서 논란이 빚어질 것으로 보인다.

우선 재계의 반발이다. 재계는 이 같은 규제를 '민간 자율과 합

의'를 통해 추진하자는 입장이다. 실제로 2011년 중소기업 적합
업종을 발표했지만 이 또한 중소기업단체가 동반성장위원회에
적합업종 지정을 신청하면 동반위 중재로 대기업과 중소기업이
자율적으로 합의해 적합업종으로 권고하는 형식이다. '강제력'
을 띤 것이 아니라는 말이다.

더 큰 문제는 소상공인 적합업종이 한·미 자유무역협정FTA과
충돌할 수 있다는 것이다. 미국 무역대표부USTR는 2014년 국가
별 무역장벽 보고서에서 "한국의 동반성장위가 2013년 외식업을
중소기업 적합업종으로 지정했다"며 "적어도 한 개의 미국 기업
이 사업을 확장하려는 계획에 제한을 받게 됐다"고 밝혔다. 실제
로 2011년 중소기업 적합업종을 자율 형식으로 지정한 것도 '통
상마찰' 논란을 피하기 위한 것이었다. 이에 따라 문 대통령의 공
약이 실제로 실현될지는 아직 두고 봐야 한다는 의견이 많다.

또한 문 대통령은 공무원 복지포인트의 30%(연간 3,900억 원 규모)
를 전통시장에서만 사용하는 온누리상품권으로 지급해 전통시
장 경기를 살리겠다고 밝혔다. 온누리상품권은 '전통시장 및 상
점가 육성을 위한 특별법'에 따라 전통시장을 보호하고 지역경
제를 활성화하기 위해 2009년부터 발행하기 시작한 전통시장
및 상점가 전용 상품권으로 가맹점으로 등록된 점포에서 현금
처럼 사용할 수 있다. 신한은행, 우리은행, 우체국 등 13곳 금융
기관에서 취급하며 상품권 종류도 5,000원권과 1만 원권 그리고

3만 원권이 있다. 다시 말해 공무원의 전통시장 장보기를 활성화해서 '골목상권'을 살리겠다는 것이다.

이와 병행해 전통시장 현대화에도 박차를 가한다는 입장이다. 문 대통령은 "전통시장의 주차장 설치를 지원하고 화재예방을 강화하겠다"고 밝혔다. 실제로 천안시에 따르면 공동마케팅 사업, 전통시장 환경정비 사업 등을 벌인 결과 2014년 약 23억 원에 불과했던 온누리상품권 판매액이 2016년엔 40억 원까지 껑충 뛰었다.

아울러 복합쇼핑몰에 대한 규제도 강화될 전망이다. 문 대통령은 "영세 소상공인의 생존권을 보호하고 국민경제의 균등한 발전을 도모하고자 도시계획 단계부터 복합쇼핑몰에 대한 입지를 제한하고 영업시간을 규제하겠다"고 밝혔다. 이와 관련해 문 대통령이 후보 시절 경기도 부천시에 신세계쇼핑몰이 입점하는 것에 대해 '반대' 의견을 표한 바 있다.

국회에서도 이를 지원사격하기 위한 법안이 발의됐다. 대형마트 의무휴업(현재 월 2회)을 매주 일요일로 확대하고 영업시간도 오후 10시(현재 0시까지 가능)로 규제하는 유통산업발전법 개정안이 대표적인 예다. 의무휴업 대상이 아니었던 백화점은 매주 일요일, 면세점은 매달 한 번 일요일에 쉬도록 했다. 이에 대해 가뜩이나 사드(고고도미사일체계)로 인해 중국인 관광객이 줄고 있는 면세점 업계에서는 '우는 아이 뺨 때리는 것 아니냐'는 비판의 목소리도 많다. 재계의 반대가 심해 이 같은 유통산업 규제 법안이 실제로 문 대통령 재임 기간 내 통과될지는 미지수인 상태다.

공정위 전속고발권 폐지 통해 불공정거래 타파

문 대통령은 대기업과 프랜차이즈 가맹본부의 불공정거래에 속수무책인 소상공인과 자영업자를 위한 대책으로 공정위의 전속고발권 폐지를 공약으로 발표했다. 전속고발권이란 공정거래법·대규모유통업법·하도급법·가맹사업법·표시광고법 등 5개 법률 관련 위반 행위에 대해 공정위의 고발이 있는 경우에만 검찰이 공소할 수 있는 제도를 말한다. 독점권을 가진 공정위가 대기업 등의 고발에 미온적이라는 비판에 따라 2014년부터는 검찰·감사원·중소기업청·조달청 등이 고발요청권을 갖게 됐다. 해당 기관장이 공정위에 고발 요청을 하면 공정위가 의무적으로 고발을 하는 식이다.

2017년 2월 국회에서 열린 전속고발권 개편에 대한 공청회에서 김남근 민주사회를 위한 변호사모임 부회장은 "재벌 대기업의 시장지배력 남용과 경제력 집중현상이 심화되고 그에 따른 불공정거래 행위가 만연해 공정위의 역량으로는 독과점 문제 및 불공정행위 근절에 한계가 있다"며 "의무고발요청제도의 경우 시행 후 3년간 조달청장이 3건, 중소기업청장이 9건 행사하는 것에 그쳤다"고 말했다.

공정위는 전속고발권이 사라질 경우 시민단체와 소액주주, 경쟁사업자 등이 '묻지마 고발'을 남발할 수 있다고 우려하고 있다. 공정위에서 처리하는 불공정경쟁 사건의 80%는 중소기업과 관련된 건인데 법무팀 등의 조직이 없는 중소기업이 각종 고발에 시달려 영업에 피해를 입을 수 있다는 우려에서다.

오동윤 동아대 교수는 "대기업·중소기업 간 동반성장이 필요하다는 측면에서 전속고발권 폐지는 동의할 수 있으나 경제민주화는 중소기업 간, 소상공인과 자영업자, 소비자까지 포함된 동반성장이라는 틀로 접근해야 한다"고 말했다. 하지만 대선 과정에서 문 대통령뿐 아니라 다른 후보 진영에서도 공통적으로 전속고발권 폐지를 공약으로 내걸었다. 공정위가 불공정행위에 내리는 과징금이 부당행위로 얻는 이득보다 적어 '솜방망이' 처벌이라는 지적이 나왔기 때문이다.

현재 공정거래법 등에 따른 과징금은 해당업체 매출의 10% 이내에서 매길 수 있다. 하지만 실제로 매기는 과징금이 여론의 기대에 못 미친다는 평가가 많다. 그 예로 한국피자헛은 2003년부터 가맹점에 구매·마케팅 등의 명목으로 계약서에는 없던 '어드민피Admin Fee'를 받아 68억 원의 부당이득을 올렸다. 하지만 공정위가 부과한 과징금은 5억 2,600만 원 수준에 그쳤다. 기업 입장에서는 부당이득보다 과징금이 현저히 낮아 불공정행위의 유혹에 끊임없이 빠지는 구조다.

또 행정처분에 지나치게 오랜 시간이 걸린다는 것도 문제로 꼽힌다. 통상 불공정행위에 대한 신고사건은 본부가 아닌 지방 사무소에서 처리하는데 신고 이후 행정처분을 받기까지 1년을 넘기는 경우도 있다. 피해자가 공정위에 신고를 하면 1차적으로 공정경쟁조정원에서 조정을 거치게 된다. 조사와 심의 등을 거치지 않고 피해보상을 받을 수 있게끔 만든 장치다. 3~6개월에 걸친 조정에서 결론을 내지 못하면 조사 절차가 시작되고 통상 6개월~1년이 추가로 소요된다. 위원회 또는 소위원회의 심판을 거쳐 결정문을 받을 때까지 1년은 불가피한 셈이다. 국회 정무위에 따르면 공정위가 신고 후 무혐의 처리까지 걸리는 기간은 2015년 기준 240일로 112일이 걸린 2010년에 비해 5년 만에 2배 이상 길어졌다.

하지만 전속고발권 폐지가 이러한 문제의 직접적인 해법이 될수 없다는 지적도 나온다. 김윤정 한국법제연구원 부연구위원은 "전속고발권을 폐지하면 공정거래 사건에 검찰이 직접 개입하면서 기업에 대한 검찰 통제권이 강화되고 기업활동이 위축되는 부정적 효과가 나타날 수 있다"며 "엄격한 증명이 필요한 형사소송에서 검찰이 경쟁제한성을 입증하지 못하면 불공정행위의 처벌이 오히려 어려워질 수도 있을 것"이라고 말했다.

문재인의 말말말

— "소상공인과 자영업 사장님들의 월평균 소득은 187만 원에 불과하다. 은행대
   출은 총 465조 원을 넘어섰는데, 한 업체당 5,000만 원 꼴이다. 새로 생기는
   숙박, 음식점, 도·소매업 10개 중 7개는 3년 내에 폐업하는 실정이다. 이것이
   오늘의 참담한 서민경제의 현실이다."

- 서대문구 영천시장 방문, 2017. 2. 23.

— "소상공인·자영업에 큰 부담이 되는 카드 수수료를 대폭 인하하겠다. 영세가
   맹점 우대수수료율 기준을 2억 원에서 3억 원으로, 중소가맹점은 3억 원에서
   5억 원으로 확대하겠다. 연매출 5억 원 이하의 중소가맹점에 대해 적용되는
   우대수수료를 1.3%에서 1%로 점진적으로 인하하겠다."

- 서대문구 영천시장 방문, 2017. 2. 23.

— "소상공인·자영업 사장님들의 임대료 걱정을 줄이겠다. 상가임대차보호법을
   개정해 임대료 상한한도를 9%에서 5%로 인하하고 상가임대차 계약갱신청
   구 기간을 점진적으로 연장하겠다."

- 서대문구 영천시장 방문, 2017. 2. 23.

— "공무원 복지포인트의 30%인 3,900억 원을 온누리상품권으로 지급해 전통
   시장 경기를 살리겠다. 골목상권을 보호하기 위해 도시계획 단계부터 복합쇼
   핑몰에 대한 입지를 제한하고 영업시간을 규제하겠다."

- 서대문구 영천시장 방문, 2017. 2. 23.

— "전속고발권을 폐지해 불공정거래의 피해자와 피해자 단체에게도 고발권을 부여하겠다."

- 서대문구 영천시장 방문, 2017. 2. 23.

— "광주 신세계 복합쇼핑몰 건립에 반대한 민주당 을지로위원회 판단을 존중한다. 광주시, 시의회, 소상공인, 관광업계 등의 충분한 논의가 선행돼야 한다."

- 입장 발표, 2017. 3. 2.

— "직장을 다녀 고용보험에 가입된 분들은 출산급여를 받지만 직장에 다니지 않는 전업주부나 비정규직·자영업자 등 고용보험에 가입되지 못한 분들은 출산급여가 없다. 자영업도 따지고 보면 자기고용노동자로, 산재·고용보험 가입을 허용해 일하다 다칠 때 제대로 보상받고, 실직하면 급여를 지급해야 한다. 일반 노동자처럼 보육비·의료비 등 세액공제를 받아야 한다."

- 전국 지역맘 카페 회원들과의 만남, 2017. 3. 16.

— "신설되는 중소벤처기업부를 통해 중소·벤처기업과 소상공인을 위한 정책과 법을 만들도록 하고 4차 산업혁명을 일선에서 진두지휘할 것이다."

- 중소기업단체협의회 초청 강연, 2017. 4. 10.

이상한 사장님, 특수고용노동자

"1인 자영업자를 아는가? 사장님도 근로자도 아닌 사람들로 보험설계사, 택배기사, 골프장 경기보조원 등이 해당된다. 이들 특수고용노동자들이 근로자가 가입할 수 있는 고용보험과 산재보험에 들 수 있게 하겠다." 문 대통령은 후보 시절인 2017년 3월 3일 '주간 문재인'을 통해 특수고용노동자들의 노동권을 보호하겠다고 밝혔다.

특수고용노동자란 사업체와 1:1로 '일감' 계약을 맺는 자영업자이지만 실제로는 사업체에 종속된 근로자를 말한다. 앞에서 말했듯 보험설계사, 택배기사 등이 대표적인 예다. 이들은 사업체와 '계약'을 맺어 건당 수수료를 받는데 실제로는 '사장님'이라기보다는 사업체에 고용된 '근로자'에 속한다. 하지만 이들이 맺는 계약은 '근로계약'이 아닌 '위탁계약'이어서 현재 근로기준법상으로는 노동권을 보장받지 못하고 있다. 대표적인 것이 산재보험과 고용보험 가입 불허다.

이 양대 보험은 보험을 납부한 근로자가 '산업재해를 당하거나' 혹은 '실업을 겪을 때' 보호를 받는 보험이다. 결국 '근로자'여야 가입할 수 있는데 현행 근로기준법상 이들 특수고용노동자는 근로자가 아니기 때문에 법의 사각지대에 속한다. 문 대통령은 "사각지대에서 아무런 보호도 못 받는 특수고용노동자가 50개 직군, 230만 명에 달한다"면서 "전체 노동자의 10% 이상이 심각하게 다치고, 목숨을 잃거나 말도 안 되는 대우를 받아도 권리를 행사할 수 없는 것"이라고 밝혔다.

특히 최근에는 애플리케이션이 활성화되면서 더욱 특수고용노동자가 늘어나고 있다. 이른바 '플랫폼 노동자'인데 예를 들면 배달앱 등에 속한 배달업자(오토바이 기사)가 배달앱과 음식점으로부터 건당 수수료를 받으며 일하는 사람을 말한다. 보통 1건당 3,000원의 수수료를 받는다. 배달앱은 배달할 사람을 구해서 좋고 음식업은 직접 고용 없이 건당 수수료만 지급하면 되니 고용보험료 등을 납부할 필요가 없다. 다만 중간에 끼어 있는 배달업자 역시 '사업자'가 되면서 근로자가 받는 혜택(산재보험 및 고용보험)을 못 받는 실정이다.

문 대통령은 "택배기사들이 우스갯소리로 이런 말을 한다. '우리가 홍길동입니까, 왜 노동자를 노동자로 부르지 못합니까'"라며 "특수고용노동자는 퇴직금, 초과근로수당, 연차휴가, 4대보험 아무것도 없다"고 밝혔다.

이에 문 대통령은 특수고용노동자들의 노동권을 보장하겠다고 밝혔다. 우선 산재보험과 고용보험 적용을 의무화하기로 했다. 이는 20대 총선 때 이미 더불어민주당이 공약한 내용이다. 아울러 "이분들이 노동자 신분임을 분명히 해야 한다. 특수고용노동자들이 노동 3권을 보장받도록 하겠다"고 밝혔다.

노동 3권이란 노동자의 권익과 근로조건의 향상을 위하여 헌법에 명기된 기본권으로 단결권·단체교섭권·단체행동권을 말한다. 이들 권리를 보장하는 것은 노동의 사각지대에 있는 특수고용노동자들이 노조를 만들고 단체협상 등에 나설 수 있다는 것을 의미한다. '1인 사장님'들이 사업체와 교섭에 나서는 날이 올지 귀추가 주목된다.

위기의 가계부채,
서민 위한 해법

　대한민국은 가계부채 공화국이다. 이명박 정부 5년 299조 원, 박근혜 정부 4년간 380조 원 불어난 가계부채는 2016년 말 현재 1,344조 3,000억 원에 달한다. 2016년 한 해에만 141조 2,000억 원(11.7%) 급증했다. 나라 안팎을 가리지 않고 한국 경제가 과연 이를 감당해낼 수 있는지 의문이 점점 커지고 있다.

　그동안 정부와 한국은행 등 정책당국은 한국 가계부채의 규모와 질 모두 위험한 상태는 아니라고 되풀이해왔다. 채무상환능력이 양호한 상위계층이 전체 부채의 약 70%를 가지고 있고, 비교적 상환 리스크가 적은 고정금리·분할상환 대출로의 구조 개선도 꾸준히 진행되고 있다는 게 골자다.

문재인 대통령이 2017년 3월 7일 오전 국회에서 열린 더문캠 비상경제대책단 제1차 경제현안점검회의에 참석하고 있다.

하지만 가계부채가 한국 경제를 좀먹고 있다는 데는 이론의 여지가 없다. 과도한 부채는 결국 국가 경제에 부담이 될 수밖에 없기 때문이다. 2016년 가계금융복지조사에 따르면 전체 가구의 약 70%가 원금과 이자(원리금)를 갚는 데 부담을 느꼈고, 그 중 4분의 3은 이미 소비와 저축을 줄이고 있었다. 여기다 금융기관의 부실은 종국적으로 금융 시스템 전반의 건전성 악화로 이어진다. 면역 체계가 파괴되면서 외부의 질병(경제 충격)에 점점 취약해진다.

문재인 대통령은 한국 경제의 뇌관인 가계부채 문제 해결을 위한 '3대 근본 대책'을 처방했다. 그는 무엇보다 먼저 일자리와 가계소득을 늘리는 '소득주도 성장'으로 국가 성장방정식의 패러다임을 전환하고, 생계형 대출수요를 줄여야 한다고 진단한다. 이어 도덕적 해이를 막으면서 채무탕감을 통해 취약계층의 부담을 경감하고, 마지막으로 금융기관이 아닌 금융 소비자 본위의 금융정책을 모색한다.

부채 총량 관리

그 구체적 처방으로 제시한 '7대 해법' 중 단연 핵심은 '가계부채총량관리제'다. 문 대통령은 2017년 4월 28일 가계부채 공약을 발표하면서 무서운 속도로 불어나는 가계부채의 '총량'을 체계적으로 관리하기 위해 기존에 여신관리지표로 활용돼왔던 총부채상환비율DTI 대신 총부채원리금상환비율DSR을 전면 도입하겠다고 밝혔다.

주택담보대출 원리금 상환액과 주택담보대출 이외 대출의 경우에서 이자만 고려하는 DTI와 달리 DSR은 주택담보대출은 물론 마이너스통장, 자동차 할부액, 신용카드 미결제액 등 모든 대출의 원금과 이자를 따진다. 가계부채가 늘어나는 것을 소득 증가속도 안에서 관리함으로써 가계부채의 절대 규모를 일정 수준 이내로 제어하겠다는 취지다.

금융당국은 2019년까지 모든 금융권에 DSR을 단계적으로 도입할 예정이나, 문 대통령 취임 이후 시점이 앞당겨질 전망이다. DSR 전면 도입 시 이미 각종 신용대출 등 생계형 대출을 지고 있는 저소득·저신용 서민들이 신규 대출을 받기 어려워지는 상황이 벌어질 수 있다. 문 대통령은 이를 보완하기 위해 생계형 대출을 축소하기 위한 '생활비 절감 종합계획'을 시행할 계획이다.

이는 문재인 정부의 가계부채 접근방식이 종전 정부와는 다르다는 신호로 받아들일 수 있다. 정부가 명시적으로 가계부채의 총량 규모를 관리하겠다고 밝힌 건 이번이 처음이기 때문이다. 가계부채가 사회적 문제로 부상한 2000년대부터 지금까지 이전의 모든 정부는 '성장을 저해하지 않는 수준에서 가계부채를 관리한다'는 정책 기조에 머물러 있었다. 경제가 성장하면서 빚이 늘어나는 것은 불가피하기 때문이다.

경제주체들이 돈을 빌려 소비를 늘리고, 그만큼 경제가 성장해 소득이 늘어나면 빚을 갚는 데 문제가 없다. 하지만 2017년 현재 한국 경제는 과거 경험해보지 못 했던 곳에 서 있다. 2016년 말 가계신용은 1,344조 원으로 사상 최대치를 갈아치웠고, 2010~2014년 연평균 6.9%였던 가계대출 증가율은 2015년 10.9%, 2016년 11.7%로 치솟았다. 반면 연 2%대 저성장이 고착화되면서 GDP 대비 가계부채 비율은 2016년 82.1%를 기록해 최초로 80%대를 돌파, 한 해 동안 번 소득의 턱밑까지 차올랐

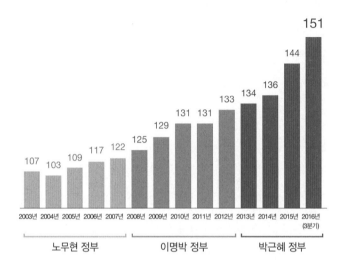

처분가능소득 대비 가계부채 비율

단위 : %

	노무현 정부				이명박 정부					박근혜 정부		
2003년	2004년	2005년	2006년	2007년	2008년	2009년	2010년	2011년	2012년	2013년	2014년	2015년	2016년 (3분기)
107	103	109	117	122	125	129	131	131	133	134	136	144	151

자료 : 한국은행

다. 더 이상 감내하기 어려워지기 전에 가계부채의 고삐를 다잡아야 한다는 공감대가 형성된 이유다.

특히 지난 10년간 가계소득 증가율이 정체되면서 상황은 더 심각해졌다. 가구의 총소득에서 세금 등의 고정지출을 뺀 나머지 소득에서 원리금을 갚는 데 쓰는 금액의 비중을 가리키는 '가처분소득 대비 가계부채 비율(이하 가계부채 비율)'은 2012년 133.1%

에서 2016년 말 153.6%에 달했다. 지난 2008년 이후 가처분소득은 연 평균 4.8% 증가하는 데 그친 반면 가계부채는 7.8% 증가했기 때문이다.

문 대통령은 일자리 창출을 통한 소득주도 성장을 가계부채 해결의 근본대책으로 제시한다. 하지만 신규 일자리 창출이 말처럼 쉽지 않은 현실에서 소득 증가세를 급격히 늘리는 데는 한계가 따른다. 따라서 금융기관의 대출을 억제하는 등 가계부채의 총량을 잡는 노력이 필요하다. 사실 정책 차원의 총량 관리는 이미 시행되고 있다. 정부는 2016년 말부터 은행권을 중심으로 집단대출을 비롯한 주택담보대출을 억제하는 사실상의 가계부채 총량 줄이기에 나선 상태다. 금융위원회는 인위적인 총량 관리가 아니라고 하지만, 금융권에선 사실상 은행권 대출 조이기를 통해 총량 관리가 시작됐다는 것을 중론으로 받아들이고 있다.

하지만 무리한 총량 규제는 대출 수요를 제2금융권, 제3금융권으로 옮겨 도리어 부채의 질만 악화시키는 풍선효과를 야기할 수 있다. 금융당국이 2016년 11월 제1금융권에 대한 대출심사를 강화하면서 제2금융권 대출이 급속도로 늘었다. 2015년 8.5%였던 은행권 가계대출 증가율은 2016년 9.5%로 소폭 증가에 그쳤지만, 비은행권 가계대출 증가율은 같은 기간 8.3%에서 13.8%로 치솟았다. 문 대통령은 서민금융진흥원을 통한 10%대중금리 대출을 확대하는 등 서민금융의 사각지대를 줄이는 노력을 병행하겠다는 계획이나, 얼마만큼 실효성이 담보될지는 아직 미지수다.

금융 소비자 보호

가계부채 총량 관리에 따르는 가장 큰 문제는 저소득·저신용 서민들의 '금융 소외' 현상이 심화될 수 있다는 점이다. 애초에 소득이 많은 사람은 대출을 받을 필요가 적고, 신용도가 높기 때문에 이자 부담도 크지 않다. 하지만 최소한의 생활을 위한 생계형 대출의 비중이 높은 취약계층에게는 선택지가 많지 않다. 신용등급 8등급 아래 저신용자들은 이미 상대적으로 금리가 높은 제2금융권에 의존하고 있는데, 대출 조건이 더 까다로워지면 대부업과 불법 사채시장으로 떠밀릴 수밖에 없다. 20~30%를 넘는 고리高利는 물론 폭언과 협박, 때론 폭력까지 불사하는 잔인한 추심에 직면하게 된다.

문 대통령은 현행 27.9%인 대부업체 최고 이자율을 이자제한법상 상한인 25%로 일원화함으로써 서민들의 이자 부담을 낮추겠다고 공약했다. 과거 어떤 제한도 없었던 법정 최고금리는 대부업법이 제정된 2002년 연 66%를 시작으로 2007년 10월

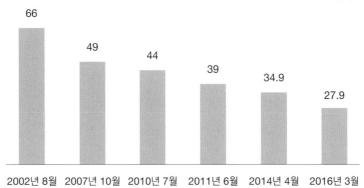

대부업 최고 금리 인하

단위 : %

66
49
44
39
34.9
27.9

2002년 8월 2007년 10월 2010년 7월 2011년 6월 2014년 4월 2016년 3월

*대부업법상 상한 이자율 기준.
자료 : 금융위원회

49%, 2010년 7월 44%, 2011년 6월 39%, 2014년 4월 34.9%로 내려오다 2016년 3월 27.9%로 인하됐다.

당장 수익이 감소하는 대부업체들은 격렬히 반발하는 상황이다. 오히려 서민들의 대출 문턱이 높아질 수 있다는 우려도 나온다. 한국대부금융협회에 따르면 대부업 최고금리 인하 후 신용등급 9~10등급 저신용자들의 대부업체 이용건수는 2016년 상반기 29만 5,000여 명에서 같은 해 말 27만 2,000여 명으로 줄어든 것으로 조사됐다.

하지만 반대 논리도 만만치 않다. 대부업의 시초라 할 수 있는 일본도 최고금리가 20%로 한국보다 낮다. 유럽의 경우 프랑스는 프랑스은행이 매년 대차계약 종류별로 고시하는 평균금리의 1.33배를 최고금리로 하고, 독일은 시장 평균금리의 2배 혹은 시장금리에 12%를 가산한 쪽 중 낮은 쪽을 이자상한으로 결정하고 있다.

최고금리 인하에도 국내 대형 대부업체들의 수익률은 오히려 높아지고 있다. 제윤경 더불어민주당 의원은 대부업 최고이자율을 내리면 대출자들이 불법 사금융으로 밀려난다는 주장은 거짓이라며 이자율을 더 낮춰야 한다고 주장한다. 금융감독원이 제윤경 의원실에 제출한 자료에 따르면 지난 10년간 법정금리 상한선은 지속적으로 낮아졌지만 대형 대부업체들의 수익은 오히려 큰 폭으로 늘었다. 업체 1위인 러시앤캐시는 2006년 707억 원이던 이자수익이 2015년 6,615억 원으로 10년 사이 9배 이상 늘었고, 그 뒤를 잇는 산와대부는 같은 기간 1,856억 원에서 5,840억 원으로 이자수익이 3.2배 이상 증가했다. 특히 이들은 일본에서 평균 6% 금리의 자금을 끌어와 국내에서 고금리 영업을 하면서 차익을 챙겨왔다는 비판을 받아왔다.

물론 대부업 최고이자율을 낮춰도 기존 대출자들의 이자 부담이 전과 크게 달라지는 것은 아니다. 금감원이 채이배 국민의당 의원실에 제출한 자료를 보면 2016년 7월말 기준 대형 대부업체들이 보유한 가계대출 계약 7조 481억 원 중 63%에 달하는 4조

4,712억 원의 이자율이 27.9%를 상회했다. 같은 해 3월 법정 최고이자율이 27.9%로 인하됐지만, 그전에 체결된 계약은 여전히 이전처럼 이자를 납부해야 되기 때문이다.

문 대통령은 서민금융진흥원을 중심으로 10%대 중금리 서민대출을 활성화해 부작용을 최소화하겠다는 방침이다. 생계 대책용, 창업용 등 용도별로 대출을 세분해 대부업이나 불법 사채 이용을 줄이고 서민금융의 사각지대를 좁히겠다는 취지다. 그 밖에도 이자가 원금을 넘어서는 폐단을 금지하고, 금융기관이나 대부업체 등이 이미 시효가 만료된 채권, 즉 '죽은 채권'의 시효를 연장하거나 대부업체 등에 매각하는 폐단을 방지하기로 했다. 원칙적으로 소멸시효가 지난 채권은 추심이 금지되지만, 그동안은 소송을 통해 시효를 연장시켜 추심을 하는 편법이 만연했다. 하지만 앞으로는 채권자가 대출채권의 소멸시효가 완성된 사실을 채무자에게 알려주지 않고 돈을 갚도록 종용하거나, 대부업체에 헐값으로 넘겨 대부업체가 추심하는 것을 법으로 금지할 계획이다.

취약계층 부담 경감

문 대통령은 국민행복기금이 보유한 1,000만 원 채권 중 10년 이상 연체된 사실상 '죽은 채권'을 사실상 탕감해 이로 고통 받고 있는 신용불량자들이 새 출발을 할 수 있게 하자고 제안한다. 한국 경제의 뇌관인 가계부채, 그중에서도 가장 약한 고리에 대해서는 '채무탕감'이 불가피하다는 것이다. 이후 사회적 합의를 밟아 단계적으로 채무탕감 대상과 범위를 확대해 나갈 계획이다.

이는 장기 연체자들이 신속하게 정상적인 경제생활로 복귀할 수 있도록 돕겠다는 취지다. 회수불능채권의 경우 금융기관에서 이미 받을 수 없는 채권으로 판단했기 때문에 소각을 위해 추가적으로 비용이 발생하지 않는 데다, 이들이 재기함으로써 복지비용 등 사회안전망의 부하도 줄어든다. 미국은 1978년 '구제와 새 출발'을 강조하는 '연방파산법'을 개정해 개인의 파산과 채무탕감을 적극적으로 시행하고 있다.

하지만 이를 위해서는 빚을 갚을 수 없는 이들에게 새 출발의 기회를 부여하자는 사회적 합의가 필요하다. 또 국가가 주도적으로 채무탕감에 나설 경우 금융시장 내 '도덕적 해이'를 초래해 자칫 채무상환 의무를 소홀히 하는 분위기가 생길 수 있다는 지적도 나온다. 문 대통령은 이 같은 도덕적 해이를 막기 위해 채무감면에서 채무자의 연령·소득·재산 등을 면밀히 심사한다는 방침이다. 특히 채무감면 후 미신고 재산이나 소득이 발견되면 즉시 채무감면을 무효화하고 회수를 추진하는 제도적 장치를

문재인 정부의 가계부채 대책은?

- **체계적인 가계부채 총량 관리**
  - DTI 대신 DSR을 여신관리지표로 활용

- **빚 없이 살 수 있는 사회 구축**
  - 가계소득 증가율의 확대와 생계형 대출 축소를 위한 '생활비 절감 종합계획' 시행

- **고금리 이자 부담의 완화**
  - 대부업(연 27.9%) 등의 최고이자율을 이자제한법상 이자율 상한 25%로 일원화, 원금을 초과하는 이자 금지

- **소액·장기연체 채무 정리**
  - 국민행복기금 보유 1,000만 원 이하 10년 이상 연체 채권 소각

- **소멸시효의 완성 또는 완성이 임박한 '죽은 채권' 관리 강화**
  - 소멸시효 완성채권에 대한 '불법추심방지법' 제정. 채무자에게 시효 경과의 사실을 알려주지 않고 돈을 갚도록 종용하는 행위 금지

- **금융소비자보호법 제정, 금융 소비자 보호 전담기구의 설치**
  - 금융기관의 '약탈적 대출' 규제, 금융 피해에 대한 즉각적 구제절차 확보

- **비소구주택담보대출 확대**

마련하기로 했다.

아울러 문 대통령은 안심전환대출을 제2금융권으로 확대하고 비소구주택담보대출을 도입하는 등 다양한 대책을 강구하고 있다. 안심전환대출은 기존 변동금리나 이자만 내는 거치식 대출을 보유한 차주들이 고정금리·분할상환 상품으로 바꿔 탈 수 있도록 혜택을 제공하는 상품이다. 정부가 가계부채의 질 제고를

위해 2015년 3월 한시적으로 내놓았지만 제1금융권 대출자에게만 해당됐다. 그마저도 신청자 110만여 명 중 중상층 가구 30만 명만 혜택을 누리고 80여만 명은 자격 미달로 탈락해야 했다.

비소구주택담보대출은 집값이 대출금 이하로 떨어져도 집을 반납하면 추가로 남은 빚을 갚지 않아도 되는 대출상품이다. 예를 들어 3억 원을 대출 받아 4억 원의 집을 샀을 경우 주택 가격이 대출금인 3억 원 아래로 떨어져도 집만 반납하면 된다. 물론 그만큼 해당 대출상품을 판매한 은행이 손실을 보게 된다. 현행 주택담보대출 제도에서는 돈을 갚지 못하면 집이 경매로 처분된 뒤에도 나머지 빚을 갚을 때까지 가압류 등 절차가 진행, 집이 없는 상황에서 생활비까지 차압당하는 절망적인 상황이 생길 수 있다. 갑작스러운 집값 폭락 등의 충격에도 금융 소비자의 생활 보호와 금융사의 책임성 강화 등이 비소구주택담보대출의 강점이다. 2007년 미국 서브프라임 모기지 사태 당시 주택 가격의 폭락에도 비소구주택담보대출을 보유했던 가구들은 빠르게 회복할 수 있었다.

박춘성 금융연구원 연구위원은 비소구대출을 활용할 경우 주택 가격이 떨어져도 가계의 소비 여력이 일정 부분 유지되고, 소비자가 채무 부담에서 벗어나기 때문에 경제활동 의지를 계속 유지할 수 있다고 설명했다. 또 금융기관도 담보 이상의 돈을 돌려받을 수 없는 만큼 여신심사를 강화하게 된다.

국내에서도 지난 2015년 12월 비소구대출이 시범적으로 시행됐지만 부부 합산 소득 3,000만 원 이하의 가구를 대상으로 하는 등 가입 조건이 까다로웠던 데다 은행들의 기피로 인해 실패로 끝났다. 따라서 비소구대출을 도입할 경우 은행들이 이를 취급할 수 있는 유인 제공과 가입 조건 완화가 필요하다.

문재인의 말말말

— "가계부채 문제는 연착륙을 목표로 해야 한다. 장기적으로 안정적으로 관리해 나가면서 연착륙시키는 것이다. 부동산 가격의 폭락은 대단히 바람직하지 못한 것이다. 가계부채도 갑자기 줄여나갈 방법은 없어 더 이상 늘어나지 않도록 관리해나가면서 서서히 해결해야 한다."

- 〈조선일보〉 인터뷰, 2017. 1. 16.

— "채무변제 가능성이 없는데도 무리하게 소멸시효만 연장하는 이른바 '좀비채권'을 사실상의 채무면제 조치를 통해 소멸시키겠다. 금리 인상으로 가장 큰 피해를 입은 저소득·저신용의 서민들이 정상 신용자가 되게 해 경제활동에 복귀할 수 있도록 제도적으로 지원할 것이다."

- 〈아시아경제〉 인터뷰, 2017. 2. 17.

— "우리 경제가 저성장, 양극화, 청년들이 헬조선이라고 탄식하는 일자리 등 3대 위기에 빠져 있는 가운데, 가계부채의 폭발적인 증가가 경제위기의 뇌관이 되고 있다. 2016년 이미 150만 가구를 넘어선 한계가구의 가계부채 대책을 함께 논의해야 한다."

- 더문캠 비상경제대책단 첫 경제현안 점검회의, 2017. 3. 7.

— "회수 가능성은 없는데 채권은 살아 있어 채무자가 정상적인 경제활동을 하지 못하고 있다. 약 203만 명이 지고 있는 22조 6,000억 원 규모의 회수불능채권에 대해 채무감면에 나서겠다."

- 더문캠 비상경제대책단 2차 경제현안 점검회의, 2017. 3. 16.

— "이명박 정부 5년 299조 원, 박근혜 정부 4년간 380조 원이나 증가한 가계부채가 지금은 1,344조 원에 이르고 있다. 가계부채 문제를 해결하기 위해 '가계부채총량관리제'를 도입하고, 가처분소득 대비 가계부채 비율을 150% 상한으로 관리하겠다."

- 〈서울경제신문〉 인터뷰, 2017. 4. 9.

— "가계부채는 안정적으로 관리하겠다. 가계부채 총량관리제 도입, 대부업을 포함해 이자 상한선을 20%까지 인하, 사실상의 '회수불능채권'은 채무조정을 통해 정리하겠다. 세입을 개혁하고 '최순실 예산'과 같은 낭비를 막겠다."

- 〈머니투데이〉 인터뷰, 2017. 4. 9.

— "국민들의 집 걱정, 이사 걱정, 임대료 걱정을 덜어주겠다. 주거비 부담으로 가장 힘든 신혼부부, 청년부터 특단의 대책을 마련할 것이다. 신규 공급하는 장기공공임대주택의 30%를 신혼부부에게 우선 공급하고, 청년들을 위해 청년임대주택 30만 호를 공급하도록 하겠다. 도시재생 뉴딜사업을 통해 구도심, 노후주거지를 살릴 것이다."

- 〈내일신문〉 인터뷰, 2017. 4. 9.

가계부채 급증 원인 LTV, DTI 규제 어떻게 될까

"이명박 정부 5년 299조 원, 박근혜 정부 4년 간 380조 원이나 증가한 가계부채가 지금은 1,344조 원에 이르고 있다. 지난 정권에서 부채 주도의 성장정책을 시행했고 이 정책의 실패를 국민이 고스란히 감당하고 있다." 이른바 '초이노믹스'로 불리우는 박근혜 정부 부동산 정책의 핵심은 집권 2년 차인 2014년 8월 1일 완화된 LTV_Loan To Value(담보인정비율)와 DTI_Debt To Income(총부채상환비율) 규제다. LTV는 50%에서 70%로, 수도권 아파트 기준 DTI는 50%에서 60%로 각각 상향 조정됐고, 집값의 70%, 연소득 대비 원리금 상환액 60% 범위까지 주택담보대출을 받을 수 있게 됐다.

이후 1년 단위의 한시적 완화 조치가 거듭 연장되면서 가계부채 폭증의 주범으로 꼽혀온 LTV와 DTI 규제는 문재인 정부의 첫 가계부채 조치가 될 공산이 크다. 새 정부 출범 이후 두 달여 뒤인 2017년 7월 31일 이들 규제의 연장 여부를 결정하게 되기 때문이다. 또 문 대통령 가계대출 대책의 방점이 바로 부채의 '총량 관리'에 있다는 점을 보면 LTV·DTI 규제가 강화될 가능성이 높다. 집값 대비 대출한도를 뜻하는 LTV 규제비율은 현재 주택의 유형이나 지역과 무관하게 일률적으로 70%가 적용되고 있다. 즉 집값의 70% 이하로 주택담보대출을 받을 수 있다는 뜻이다. DTI는 해당 주택담보대출의 연간 원리금 상환액을 연간소득으로 나눈 비율로, 수도권 아파트에 한해 60%가 적용된다. 연간 원리금 상환액이 소득의 60%를 넘지 않는 범위에서 은행들이 주택 구입자에게 돈을 빌려줄 수 있다.

이들 규제는 당초 부동산 과열을 막기 위해 처음 도입됐다. 2000년대 들어 서울을 중심으로 부동산 과열 양상이 심각해지자 2002년 9월 투기과열지구를 시작으로 LTV가 처음으로 도입됐고, 참여정부 시절인 2005년 8월에는 DTI가 시행됐다. 높아진 전셋값에 떠밀린 사람들은 LTV와 DTI 규제가 완화되면서 너도나도 집을 구매했고 가계부채는 무섭게 늘기 시작했다. 2012~2013년 3%대였던 예금취급기관 주택담보대출 증가율은 2014년 10.2%, 2015년 8.8%, 2016년 12%로 치솟았다. 그 결과 가계부채는 2016년 말 1,344조 원을 넘어섰다. IMF는 이미 2016년 8월 보고서를 통해 한국의 DTI 한도 규제를 점진적으로 30~50% 수준까지 낮춰야 한다고 권고하고 있다. 2017년 1월에도 현재 60%인 DTI가 다른 국가에 비해 여전히 높다며 규제 강화를 권고하는 보고서를 내놓기도 했다.

다만 섣불리 LTV, DTI 규제를 강화할 경우 부동산 경기가 급격히 가라앉거나, 정상적 대출 수요자들마저 돈을 빌리기 어려워질 수 있다. 가계가 왜 자금이 부족해 돈을 빌리는지에 대한 정확한 진단 없이 대출을 조이기만 하면 풍선효과만 강화될 것이라는 우려도 나온다. 결국 정부가 가계부채 연착륙을 도모하는 동시에 가계소득 증대와 저소득층에 대한 채무 재조정에 더 심혈을 기울여야 가계가 빚을 갚아나갈 수 있다.

문 대통령은 "부동산 가격의 폭락은 바람직하지 못하다. 가계부채도 갑자기 줄여나갈 방법은 없기 때문에 더 이상 늘어나지 않도록 관리해나가면서 서서히 해결해야 한다"고 밝혔다.

'주거 사다리 정책' 공공임대주택

문 대통령은 2017년 4월 28일 공약집을 발표하면서 '주거 사다리 정책' 공약을 통해 집 걱정, 전월세 걱정, 이사 걱정 없는 대한민국을 만들겠다고 밝혔다. 청년과 신혼부부, 저소득 서민 등 연령·계층을 막론하고 모든 국민에게 쾌적하고 안정적인 주거환경을 보장하겠다는 목표다. 문 대통령은 핵심 공약으로 공적임대주택 공급 확충, 신혼부부 주거 사다리 구축, 저소득 서민 주거 복지, 사회통합형 주거정책 등을 제시했다.

먼저 공적 임대주택을 매년 17만 가구 공급해 무주택 서민들의 주거안정을 지원한다. 문 대통령은 공공기관이 직접 관리·운영하는 '장기공공임대주택'을 매년 13만 호 확보해 임기 말까지 OECD 평균 이상인 9%를 달성하겠다는 구상이다. 또 공공기관이 민간주택의 임대료와 임대기간을 관리하는 '공공지원임대주택'을 매년 4만 호씩 확보한다. 공공지원임대주택이란 공공기관이 민간 소유의 주택에 토지 장기임대, 주택도시기금 장기저리융자, 리모델링비 등을 지원함으로써 지나친 임대료 인상을 억제하고 임대 기간을 장기화한 주택을 말한다. 아울러 입주 희망자들이 입주 시기를 가늠할 수 있도록 '대기자명부제도'를 도입하고, 복잡한 공공임대주택 유형(국민임대, 행복주택, 영구임대 등)을 통합해 혼란을 줄일 방침이다.

또 문 대통령은 신혼부부와 청년 등 젊은 세대를 위한 맞춤형 주거정책도 내놨다. 매년 신규 공급하는 공공임대주택의 30%인 4만 가구를 신혼부부에게 우선 공급해, 임기 내 20만 쌍의 신혼부부를 지원한다. 특히 통근이 편리한 지역을 중심으로 다양한 유형의 주택을 확보해 주거 만족도를 높일 계획이다.

또 신혼부부들이 부모의 도움 없이 첫 출발을 할 수 있도록 '생애 최초 전월세 보증금 융자' 프로그램을 강화해 자금지원 규모를 확대할 계획이다. 생애 최초로 주택을 구입하는 신혼부부에게는 우대금리대출을 확대한다. 또한 공공임대나 융자지원 혜택을 받지 못하는 저소득 신혼부부는 결혼 후 2년간 한시적으로 월 10만 원을 '신혼부부 주거안정 지원금'으로 지원한다. 소득 2~3분위 저소득 신혼부부 4만 쌍이 그 대상으로, 1,000억 원 미만의 예산이 소요될 예정이다. 이밖에 결혼 후 2년 이내 출산하는 신혼부부에게는 공공임대 우선 배정, 다자녀 비례 우선분양제 혜택 등이 제공된다.

저소득 노인과 장애인 가구 등 사회취약계층에게는 저렴한 영구임대주택과 매입임대주택을 우선 공급한다. 더불어 현재 약 81만 가구에 제공되고 있는 주거급여를 지속적으로 확대하는 한편 지원액수도 단계적으로 현실화할 방침이다. 공공임대주택에 복지와 의료 서비스를 연계한 '홀몸 어르신 맞춤형 공동 홈'은 매년 1만 실씩 늘린다. 또 중증장애인을 위한 전용 주거지원을 제도화하고, 고독사 방지 '홀몸노인안심센서'를 설치한다.

집주인과 세입자 간 갈등 해결 방안도 마련됐다. 집주인의 자발적 임대주택 등록을 촉진하기 위해 일정 수준 이하의 임대소득은 비과세하고, 사회보험료 특례 부과, 재산·양도세 등 세제 감면 등 임대등록 인센티브를 강화한다. 이를 기반으로 세입자 주거안정과 집주인의 권리보호가 균형을 이루도록 임대차 계약갱신청구권제와 임대료상한제를 단계적으로 제도화할 방침이다.

'지·옥·고' 청년 주택 문제 해결한다

문 대통령은 후보 시절이던 2017년 3월 31일 '주간 문재인'을 통해 청년 주거 해결의 청사진을 제시했다. 문 대통령이 그리는 대한민국은 청년들이 '지·옥·고'가 아닌 깨끗하고 안전한 집에서 살 권리를 누리는 나라다.

'지·옥·고'는 '지하방·옥탑방·고시원'의 첫 글자를 딴 단어로, 열악한 주거 환경에서 생존경쟁에 내몰린 한국 청년들의 실상을 여실히 드러낸다. 통계청 인구주택총조사에 따르면 2015년 전체 가구의 27%가 1인 가구였고, 그중 36%가 20~30대 청년이었다. 이들 청년 1인 가구의 전월세 세입자 비율은 20~24세 미만 94.4%, 25~29세 미만 85.5%, 30~35세 미만 70.4%로 대다수 청년이 주거비 부담에 옥죄인 상태다.

한국 청년들의 위기를 분석한 다수의 연구에 따르면 생활비의 가장 큰 부분을 차지하는 주거비가 가난한 청년들을 양산하고 있다. 한국보건사회연구원의 '청년빈곤 해소를 위한 맞춤형 주거지원 정책방안'에 따르면 2015년 청년 1인 가구 중 소득에서 임대료가 차지하는 비율이 30% 이상인 가구가 전체의 20%를 훌쩍 넘어섰다. 그 결과 같은 해 1인 청년가구 빈곤율(중위소득 50% 미만)은 19.5%에 달했다. 부모와 같이 살거나 혼인한 청년층의 빈곤율이 4% 안팎인 점을 감안하면 안정적 주거는 청년 양극화의 '바로미터'인 것이다.

문제는 여기서 그치지 않는다. 낮은 소득 수준과 높은 주거비 부담은 연애는 물론 결혼과 출산의 포기로 이어지고 있다. 그러나 주거 빈곤층으로 전락한 청년들에게 정부 지원 역시 '하늘에 별 따기'다. 정부의 대표 주거정책인 공공임대주택제도는 입주자 선정 시 소득 등 여건이 동일할 경우 나이와 자녀가 많을수록, 부모를 모실수록 높은 점수를 받는 시스템이다. 즉 1인 가구이면서 비교적 연령이 낮은 청년들은 공공임대주택 입주를 사실상 포기해야 하는 셈이다. 실제 20대의 공공임대주택 입주비율은 3%에 못 미치고, 30대는 18%로 그나마 높지만 이마저 신혼부부 대상 특별공급 물량이 있어서다.

문 대통령은 주거 사각지대에 놓인 청년들을 위해 우선 이들을 위한 저렴한 공공주거시설을 확대 공급할 방침이다. 우선 청년 1인 가구들을 위한 셰어하우스형 청년임대주택을 5만 호 공급한다. 정부가 빌라 등을 매입해 리모델링한 뒤 이를 청년층에게 월 30만 원 이하로 임대해주는 방식으로 주거비 부담을 크게 낮출 수 있다. 또한 서울 및 5대 도시의 역세권 개발을 통해 교통은 편리하면서 시세보다 저렴한 청년주택을 20만 호 확보하고, 대학 소유 부지와 인근 지역을 개발해 기숙사 수용인원을 최대 5만 명(수도권 3만 명) 늘릴 계획이다. 아울러 대학 밀집지역에 주거와 연구개발R&D, 일자리와 창업이 연계된 소호SOHO, Small Office Home Office형 주거 클러스터를 시범 건설해 일자리와 주거를 함께 살피겠다고 밝혔다.

문 대통령은 "청년주택 정책은 부모세대의 부담을 덜고 청년 삶의 질까지 결정하는 미래에 대한 투자"라며 "청년들의 라이프스타일에 맞는 청년주택을 공급할 것"이라고 강조했다.

'기울어진 운동장' 없애는
세제개혁

문재인 대통령은 늘어나는 복지재원을 마련하기 위해 고소득 국민과 대기업의 세금부담을 늘릴 방침이다. 문재인 캠프 조세 전문가로 활약한 김유찬 홍익대 세무대학원 교수는 2017년 4월 19일 열린 '제19대 대통령 후보자 조세공약 토론회'에서 "우선 고소득자 소득세와 상속증여세, 자산소득 및 재산에 대한 과세를 강화하고 대기업을 중심으로 비과세 감면 등을 축소시키면서 조세 부담의 공정성을 확보할 것"이라며 "이후에도 세수가 부족할 경우 법인세 명목세율을 22%에서 25%로 늘리는 등의 방법으로 중부담·중복지를 위한 재원을 마련하겠다"고 밝혔다.

대부분의 세법 전문가들은 우리 국민이 선진국에 비해 아직 세금을 덜 내고 있다고 진단했다. 우리나라의 조세부담률이 2014년 기준(국제 비교가 가능한 최신 연도) 18%로 OECD 35개국 중 33위를 기록하고 있기 때문이다. 덴마크, 스웨덴 등 북유럽 국가는 기본적으로 30~40%의 조세부담률을 가지고 있으며 OECD 평균은 25.1%이다. 고령화 현상으로 갈수록 복지비 부담이 늘어나는데 국민들의 조세 부담은 이에 미치지 못하고 있는 것이다. 실제로 근로소득세의 경우 국민의 절반가량이 면제를 받는 실정이다. 따라서 세금을 더 걷겠다는 문 대통령의 공약이 향후 5년간 구체적으로 어떻게 반영될지 주목된다.

금융·부동산 소득세 부담 늘어난다

세법상 소득은 크게 보아 근로소득과 자산소득(금융과 부동산 투자로 얻는 소득)으로 나뉜다. 문 대통령은 고소득자를 중심으로 소득세를 올리겠다고 밝혔는데 그 핵심은 바로 후자인 자산소득을 건드리는 것이다. 특히 근로소득에 비해 금융소득은 '기울어진 운동장(애초부터 공정한 경쟁을 할 수 없는 상황)'의 가장 극명한 사례로 꼽힌다.

2014년 최재성 의원이 국세청으로부터 받은 '2012년 배당소득·이자소득 100분위 자료'에 의하면 배당소득의 경우 최상위 1%와 10%가 각각 전체 배당소득의 72.1%와 93.5%를 가져갔다. 이자소득의 경우에도 최상위 1%와 10%의 몫이 각각 44.8%와 90.6%로서 높은 집중도를 보였다. 다만 노동소득의 경우에는 상위 1%와 10%의 소득집중도가 각각 6.4%와 27.8%에 그쳤다.

이 같은 상황에서 대주주가 아닌 자에 대해 '주식 양도차익 비과세'를 유지하는 것은 '일부 중산층 및 고소득자'에게만 매우 유리한 절세 혜택을 주는 것이라는 주장이 많았다. 현재 대주주만 주식을 팔 때 양도차익에 대해 세금을 내도록 돼 있다. 코스피 기준은 지분율 1% 또는 시가총액 25억 원 이상이며 코스닥 기준은 지분율 2% 또는 시가총액 20억 원 이상이다. 문 대통령은 이를 시정해 일정 수준 이상 이득을 본 주주라면 개미투자자(소액주주)라도 양도차익에 대해 세금을 내도록 하는 방안을 검토 중이다.

김유찬 교수는 "주식 양도차익 비과세는 부동산 양도차익이 과세되는 것과 비교해 비중립적 혜택"이라며 "그동안 금융산업의 위축을 가져올 수 있다는 이유로 소액주주에 대한 주식양도차익의 과세와 파생상품에 대한 거래세 과세를 미루어왔는데 더 이상 이를 미루어선 안 된다"고 밝혔다.

이 같은 논리는 부동산 임대소득 과세에도 적용된다. 문 대통령은 국회가 2019년으로 2년 더 늦췄던 연소득 2,000만 원 이하

임대사업자에 대한 임대소득 과세를 예정대로 시행하거나 1년 앞당기는 방안을 모두 검토하고 있다. 과세를 피하기 위해 임대주택 등록을 하지 않는 사례도 있어, 집주인의 임대주택 등록을 촉진할 수 있도록 일정 수준 이하 임대소득에 대한 비과세와 사회보험료 특례 부과, 임대주택 등록 시 재산세·양도세 등의 세제 감면, 리모델링비 지원 등 인센티브를 강화할 계획이다.

자산소득 세금 부과 강화정책은 앞으로 '금융소득분리과세'에 대한 논의로 이어질 전망이다. 현재는 1인당 2,000만 원까지 금융소득이 14%로 분리과세되고 있다. 현재 소득세의 경우 과표구간 기준 연소득 8,800만~1억 5,000만 원은 35%의 세율을 적용받고 그 직전인 4,600~8,800만 원은 24%의 세율을 적용받는다.

문제는 '분리과세'다. 똑같이 1억 원을 버는 두 사람 A, B가 있다고 하자. A는 근로소득으로만 1억 원을 번다. 그러면 과표구간에 걸려 35%의 세율을 적용받는다. 반면 B는 1억 원 중 2,000만 원을 '이자배당' 등 금융소득으로 올리고 있다. 그러면 8,000만 원에 한해선 24%의 세율을 적용받고 2,000만 원은 14%로 '분리과세'가 된다. 둘 다 실질적으로 번 돈에는 차이가 없는데 B가 훨씬 더 낮은 세율을 적용받고 있는 것이다.

김 교수는 "금융소득에 대한 불완전한 종합과세의 혜택(분리과세)은 압도적으로 소득 상위계층에 귀속된다"면서 "이자와 배당에 대하여 장기적으로는 완전하게 종합과세가 이루어지도록 제도를 개편해나가야 한다"고 밝혔다. 만일 모든 금융소득을 종합과세로 전환하게 되면 A와 B는 똑같이 35%의 세율을 적용받게 된다. 다만 금융 및 부동산업계의 반발이 심해 실제로 이 같은 방안이 임기 내에 최종 실현될지는 미지수다.

금융투자업계는 소액주주 양도차익 과세가 현실화하면 주식시장에서 개인투자자들이 본격 이탈할 것이라고 우려했다. 특히 지난 6년 동안 국내 주식시장이 박스권에 갇혀 큰 성과를 나타내지 못한 가운데 과세가 확대되면 투자자 심리가 더 위축될 수 있다는 분석이다. 황세운 자본시장연구원 자본시장연구실장은 "북미 및 호주, 일본 등은 주식 양도차익에 대해 전면 과세를 적용하고 있지만, 거래세를 폐지하는 등 금융거래 비용을 줄이는 정책을 병행해 시장 충격을 최소화했다"고 말했다.

부동산업계에서는 임대사업자의 조세 부담이 결국 세입자에게 전가돼 월세 부담이 더욱 커질 것이란 우려도 나온다. 심교언 건국대 교수는 "서울 등 주택 공급이 부족한 대도시에선 임대사업자에서 세입자로의 월세비용 전가가 쉽게 일어날 수 있다"면서 "세수 증대의 효과는 미미한 반면 세금 고통이 서민들에게 전가될 수 있다"고 반대했다. 오피스텔·상가 등 수익형 부동산 시장 위축도 불가피할 전망이다. 이진석 리얼티코리아 상무는 "최근 은퇴층이 노후를 대비해 상가나 오피스텔 투자에 많이 나섰다"면서 "상당수 임대사업자들이 임대수입 외에 다른 수입이 없는 경우여서 충격이 클 수 있다"고 지적했다.

비과세 감면 줄여 대기업 법인세 더 내게

문 대통령은 법인세에 대해서는 '선先 비과세 감면 정비→후後 명목세율 인상'이라는 입장을 분명히 한 바 있다. 더불어민주당이 법인세 명목세율을 현행 22%(과세표준 200억 원 초과)에서 25%로 바로 늘려 이명박 정부 시절에 내렸던 만큼 환원하겠다는 안에서 한발 후퇴한 셈이다.

'법인세 명목세율 인상'에서 후퇴한 이유는 2016년 법인세가 의외로 많이 걷혔기 때문이다. 기획재정부에 따르면 2016년 법인세 세수는 52조 1,000억 원으로 사상 최대를 기록했다. 박근혜 정부 4년 동안 대기업을 중심으로 연구개발R&D 투자 세액공제 및 고용창출투자 세액공제 등 비과세 감면 혜택을 꾸준히 줄여왔기 때문이다. 문재인 정부에서는 비과세 감면 가운데 R&D 투자 세액공제가 가장 먼저 줄거나 폐지될 전망이다.

김유찬 교수는 "R&D 세액공제와 같은 이중의 혜택은 조속하게 폐지하는 것이 타당하다"면서 "비과세 감면의 축소가 잘되지 않으면 인상해야 하는 법인세율의 수준은 더 높아지게 된다"고 밝혔다. 기획재정부 등에 따르면 2016년 대기업 R&D 세액공제액은 7,700억 원가량이었다. 지난해 말 국회에서 이 같은 혜택을 축소해(기본공제율 기준 2%→1%) 2017년에는 5,000~6,000억 원가량으로 더 줄어들 것으로 추정된다. 만일 이를 폐지할 경우 대기업은 2018년에만 5,000억 원 이상의 법인세를 더 부담해야 한다.

아울러 향후 법인세 명목세율을 올릴 때 과표구간을 어디로 설정하느냐가 쟁점이 될 것으로 전망된다. 김 교수는 "명목 법인세율을 인상하게 된다면 200억 원 혹은 500억 원 초과 과세표준 구간에 대하여 세율 25%를 적용하는 것이 대안"이라고 밝혔다. 현행 법인세에 따르면 과세표준 200억 원 초과 기업에 대해 22%를 부과하는 것이 최고 세율인데 만일 법인세 명목세율을 올린다면 현행 과세표준에서 25%로 올릴지, 아니면 새로운 과세표준(500억 원 초과)을 만들지를 두고 논란이 일 것으로 보인다.

이에 대해 문 대통령이 후보 시절 캠프에서 작성한 초안은 500억 원 초과 기업에 대해 명목세율을 25%로 늘리는 안이 적시되어 있어 후자가 유력한 안이 아니냐는 관측이 제기된다.

상가·토지 세금도 더 내야 한다

문재인 정부에서는 재산세와 상속·증여세도 강화해 부자들이 더 많은 세금을 내게 할 계획이다. 우선 재산세는 과세표준(과표) 현실화에 집중한다. 실제 거래가격 대비 공시지가를 보면 아파트는 80% 수준인 데 반해 상업건물은 30%대, 토지와 고가주택은 40%대 수준이라 아파트 외의 건물 공시지가를 높일 필요가 있다는 의견이 많았다. 정부에서도 과표 현실화의 문제에 대한 인식이 있어 당장 상가, 토지, 고가주택 과표 현실화 작업이 진행될 것으로 보인다.

아직은 아이디어 차원이지만 재산세와 종합부동산세를 통합하고 과세구간과 세율의 조정을 검토하는 작업도 시작될 수 있다. 참여정부 시절인 2005년 종합토지세를 재산세(지방세)·종합부동산세(국세)로 이원화시킨 조치를 되돌리는 것이라 많은 논의가 필요하다. '재산세와 종합부동산세'를 일원화하고 지방세로 돌리는 한편 누진체계를 강화하는 안이 유력한 개편 방향으로 꼽힌다.

상속·증여세 부담 또한 강화될 가능성이 높아졌다. 문 대통령 측은 상속재산 50억 원 이상에 대해서는 최고 세율(현행 50%)을 인상하는 한편 상속공제 항목을 대폭 축소하고 납세의무자를 늘리겠다는 안을 내놨다. 특히 상속·증여세 신고 세액공제를 아예 없애겠다는 점이 눈길을 끈다. 고액자산가들이 일정기간 내 상속·증여세를 납부할 경우 최대 7%(만일 상속세가 10억 원이라면 7,000만 원을 면제)까지 세액을 감면해줬는데 앞으로 이를 없애겠다는 것이다. 신고세액공제가 세원이 파악되지 못한 과거에 '신고를 보다 독려'하기 위해서 고안된 것인데 지금 같은 디지털 시대에 굳이 유지할 필요가 없다는 판단이 작용한 것으로 보인다.

미세먼지와 관련된 세제 개편도 추진될 전망이다. 문 대통령은 환경적 고려와 저소득 가구를 감안해 휘발유, LNG, 등유의 조세 부담을 하향조정하고 경유, 중유, 유연탄의 세 부담을 상향 조정할 계획이다. 이에 따라 경유에 부과되는 교통에너지환경세가 더욱 올라갈지 주목된다. 가령 휘발유와 경유 가격은 100:85의 비율인데, 이 비율이 100:90, 100:100, 100:110으로 조정되는 것이다. 현재 휘발유와 경유에는 각각 교통에너지환경세가 리터당 529원, 탄력세 375원이 적용되고 있다. 다만 문 대통령은 부가가치세율 10%은 유지할 전망이다.

지방 세입구조의 개혁도 추진된다. 현재 중앙과 지방의 지출 비율은 4:6으로 지방이 더 많은 데 반해 국세와 지방세 세수입은 8:2로 국세가 월등히 많은 실정이다. 법인세, 소득세, 부가가치세 등이 모두 국세에 속하기 때문이다. 김유찬 교수는 "법인세, 소득세, 부가가치세의 세수입 중에서 지방법인세, 지방소득세, 지방소비세로 배분되는 비율을 확대하거나 공동세로 개편해야 한다"며 "결과적으로 국세와 지방세 비율은 6:4가 되어야 한다"고 밝혔다. 아울러 세금비율의 조정뿐만 아니라 현재 교부금 배분방식(중앙→지방으로의 하달)을 전면적으로 개편해 '수평적 재정조정 방식'을 개발할 계획이다.

국민

사교육비 부담 줄인다

"모든 아이는 우리 모두의 아이다." 문재인 대통령은 대선 후보 시절인 2017년 3월 22일 서울 영등포구 대영초등학교에서 교육정책 공약을 발표했다. 그동안 간헐적으로 교육 정책에 대한 소신을 밝혔지만 초·중·고 및 대학 정책까지 포괄해 정리·발표한 것은 당시가 처음이었다.

한국 경제의 양극화가 심화된 것은 결국 공교육이 제 역할을 못했기 때문이라는 인식 아래 교육 전반을 손질하겠다는 게 이날 발표의 핵심이다. 이런 차원에서 문 대통령의 교육 정책을 한마디로 요약하면 이명박·박근혜 정부 교육 정책의 전면 수정이다. 박근혜 정부가 추진하던 수시모집 확대와 정시모집 축소 정

2017년 4월 2일 서울 영등포구 대영초등학교 학생이 케이크 만들기 실습을 마친 문재인 대통령 얼굴에 스티커를 붙이고 있다.

책은 수시모집 축소와 정시모집 확대로 틀었다. 또한 이명박 정부가 자립형사립고 등을 내놓으면서 추진한 고교 다양화 정책은 일반고 일원화로 전환하기로 했다.

문 대통령은 이날 "지금 우리 교육의 현실은 어떤가. 교육마저도 금수저와 흙수저로 나뉘고 말았다"면서 "교육을 통해 흙수저도 금수저가 될 수 있어야 한다. 교육이라는 희망의 사다리를 다시 놓겠다"고 선언했다. 과거 보수정권 9년 동안 이뤄진 수월성·다양성 위주의 교육에서 탈피하고 공교육을 강화해 계층 이동

사다리 역할을 맡을 수 있도록 하겠다는 의미다. 결국 이는 양극화를 굳건히 하는 기제로 꼽히는 사교육비 지출 격차를 공교육 강화를 통해 해결하겠다는 의미로 요약된다.

국가교육회의 설치해 백년대계 세운다

문 대통령의 교육 개혁 핵심은 바로 '국가교육회의' 설치다. 문 대통령은 "대통령 직속 자문기구 '국가교육회의'를 설치해 교육 개혁에 대한 범사회적 합의를 도출하겠다"면서 "이는 국가교육위원회로 나아가는 징검다리가 될 것"이라고 밝혔다. 이를 통해 문 대통령은 학제 개편과 국립대 연합 체제의 개편 등을 논의하고 4차 산업혁명을 대비하겠다고 밝혔다. 이는 대선 당시 경쟁했던 안철수 국민의당 후보의 공약을 일부 받아들인 것으로 해석된다.

안 후보는 당시 창의교육을 말살하는 교육부를 폐지하고 장기 교육정책을 추진하는 국가교육위원회를 설치하겠다고 공언했는데, 이는 지나치게 급진적이라는 비판을 받았다. 문 대통령은 이런 비판을 수용해 선행 단계로 국가교육회의를 먼저 만들어 사회적 합의를 도출해 국가 백년대계로서 교육의 밑그림을 그리겠다는 복안을 내놨다.

문 대통령은 또한 초·중·고 교육의 지방 교육청 이관도 함께 제시했다. 이 또한 안 후보가 내놨던 공약과 유사하다. 문 대통령은 "초·중등 교육은 시도 교육청에 완전히 넘기고 학교 단위의 자치기구도 제도화하겠다"면서 "학부모, 학생, 교사의 교육 주권 시대를 열겠다"고 밝혔다. 교육부 업무 가운데 큰 부분을 차지하는 초·중등 교육 기능을 서서히 지방으로 이전하면서 조직 축소도 대폭 이뤄내겠다는 복안으로 풀이된다. 이렇게 되면 교육부는 대학 정책만 담당하게 된다. 물론 이 또한 장기적으로 국가교육위원회 형태로 변모하면 교육부는 점차 기능이 없어질 것으로 예상된다.

다만 문 대통령은 자신의 임기 안에 과격한 개편을 이뤄내지 않겠다는 입장으로 보인다. 안 후보가 대선 기간 교육부 폐지와 같은 정책을 먼저 선언적으로 내놨다면 문 대통령은 사회적 충격을 완화하는 차원에서 '국가교육회의'를 먼저 설치하겠다고 한 것이 대표적인 예다. 그동안 교육부가 일방적으로 교육제도를 개편했다면 앞으로는 대통령 직속 자문기구인 '국가교육회의'를 통해 교육 정책의 관료화를 최대한 막아보겠다는 복안으로 해석된다.

문 대통령은 "저는 끼니를 걱정하던 가난한 실향민의 장남이었지만 대한민국의 교육 덕분에 이 자리까지 올 수 있었다"면서 "제도에 아이들을 맞추고, 학교에 학생들을 맞추고, 입시경쟁에 꽃 같은 아이들을 몰아넣은 것은 아닌지 반성해야 한다"
고 말했다.

대입 전형은 수시 줄이고 정시 늘리고

문 대통령은 대입 전형도 정시모집 위주로 재편하겠다고 밝혔
다. 입학사정관제를 핵심으로 하는 이명박 정부의 수시모집 위
주 정책을 완전히 뜯어고치겠다는 것이다. 고교입시 현장에 일
대 혼란을 가져올 가능성이 높지만 문 대통령의 소신은 비교적
뚜렷해 보인다.

문 대통령은 "학교 공부만 열심히 해도 대학에 갈 수 있도록
대입 전형을 획기적으로 바꾸겠다"면서 "수시 비중은 단계적으
로 축소하고 모든 대학에서 기회균등전형을 의무화하겠다"고
밝혔다. 특히 문 대통령은 대입 전형을 ①학생부종합전형 ②학
생부교과전형 ③수능전형 등 세 가지로 단순화하겠다고 선언했
다. 사교육비 지출의 주범 가운데 하나로 꼽히던 논술전형과 특
기자전형 등은 폐지하겠다는 것이 문 대통령의 복안이다. 문 대
통령은 대학 수시모집이 오히려 사교육비 지출을 늘렸다고 보
고 있다. 이 때문에 수시모집인 학생부종합전형과 학생부교과
전형을 축소하겠다고 공언했다.

학생부종합전형은 학생부 비교과를 중심으로 학생부교과, 자기소개서, 추천서, 면접 등을 통해 학생을 종합평가하는 전형을 말한다. 학생부종합전형은 그동안 특정 분야에서 두각을 보이거나 비교과 관리를 꾸준히 잘해온 학생들만 지원하는 전형으로 여겨진다. 이 때문에 다양한 사교육을 어렸을 때부터 받은 학생들이 유리하다는 비판을 받는다.

학생부종합전형에서 가장 중요한 평가서류는 학생부지만 내신성적만 보지는 않는다. 일부 대학의 경우 수능최저학력기준을 적용하기도 하지만 가장 중요한 것은 학생부이며 다양한 스펙을 보기 때문에 다양한 출신을 선발할 수 있는 장점이 있다. 선발 인원은 비교적 많다. 서울대 등 서울 시내 주요 11개 대학은 2018년 대입에서 1만 5,093명(58.2%)을 학생부종합전형으로 모집할 정도로 보편화된 전형이다.

학생부교과전형도 수시모집 가운데 하나다. 학생부종합전형과 달리 학생부의 교과 성적을 주된 전형 요소로 반영하며 모집 단위 특성에 맞도록 학생부 반영을 권장하고 있다. 대학에 따라 학생부 교과 성적만으로 선발하거나 학생부 교과 성적 반영을 기반으로 하되 교과 성적 외의 요소를 추가 반영하기도 하지만 어쨌든 주된 요소는 교과 성적이다. 2018년 대입에서 서울 시내 주요 11개 대학은 9.4%만 선발한다. 그만큼 특목고보다는 명문대 배출이 적은 일반고에서 유리한 전형이라 앞으로 확대될 가능성이 점쳐진다. 특히 2018년 대입에서 서울시내 주요 11개 대학이 11.5%만 선발한 정시모집은 단계적으로 확대될 가능성이 높다.

이와 같은 대입 정책은 수시 위주의 대입 전형이 지나치게 복잡해지면서 사교육을 조장한다는 비판을 수용한 것으로 풀이된다. 문 대통령은 "민간이 부담하는 공교육비가 OECD 평균의 세 배이고 OECD 국가 중 세 번째로 많은 수준"이라며 "국내총생산 GDP 대비 정부 부담 공교육비의 비중을 임기 내에 OECD 평균이 되도록 하겠다"고 강조했다.

문 대통령의 대입 전형 전환은 수시모집이 저소득층에 꼭 불리하지만은 않다는 반박이 비등해 난관이 예상된다. 학생부종합전형으로 대학에 입학한 신입생 가운데 저소득층이 차지하는 비율이 대학수학능력시험 위주 전형 신입생보다 높은 것으로 나타났기 때문이다.

강기수 동아대 교수가 2017년 4월 12일 '학생부전형의 성과와 고교 현장의 변화' 심포지엄에서 발표한 연구 보고서가 대표적 사례다. 이 보고서에 따르면 교육부의 '고교 교육 기여대학 지원사업'에 참여하는 54개 대학의 2015~2016년도 신입생 24만 2,790명을 전수분석한 결과 저소득층에 더 많은 지원이 돌아가는 '국가장학금 I 유형' 수혜율(입학 당시)을 보면 학생부종합전형으로 입학한 학생 가운데 45.3%가 이 장학금을 받았다. 학생부교과전형 입학생 중 국가장학금을 받은 비율은 절반가량인 48.8%이었다. 반면 수능 위주 전형 입학생의 경우 35.2%, 논술 위주 전형 입학생의 경우 34.2%가 국가장학금 대상이었다. 강 교수는 "경제적 여건이 취약한 학생들이 학생부교과·학생부종합전형을 통해 진학하는 비율이 높다"고 설명했다. 앞으로 대입 전형 제도의 변화에 귀추가 주목되는 것도 이런 이유다.

이 밖에 문 대통령은 구체적인 방안을 내놓지는 않았지만 "중소기업에 근무한 사람들에게 대학 진학의 기회를 지금보다 더 활짝 열겠다"고 선언하기도 했다.

특목고 폐지해 '교육 사다리' 회복

"부모의 지갑 두께가 자녀의 학벌과 직업을 결정할 수 없다. 공평한 교육기회를 보장하겠다." 이 한마디는 문 대통령의 교육 정책 가운데 핵심 어젠다로 꼽힌다. 문 대통령은 2017년 3월 기자회견에서 이 언급을 한 뒤 곧바로 폭탄선언을 내놨다. 문 대통령은 "먼저 고교서열화를 완전히 해소하겠다"면서 "외국어고, 자사고, 국제고를 일반고로 전환하겠다"고 말했다. 이런 정책을 내놓는 과정에서는 김상곤 전 경기도교육감의 입김이 크게 작용했다는 평가다. 김 전 교육감은 대선 기간 공동선대위원장을 맡으면서 사실상 교육 정책을 총괄했다. 특목고 폐지는 김 전 교육감의 지론이다.

함승환 한양대 교육학과 교수는 "특목고를 없앤다고 해서 교육열이 사라지진 않는다"면서 "경제 불평등과 같은 사회구조적 문제가 원인이고 과잉현상을 보이는 교육열은 그 현상인 만큼 표피적인 해법만 제시할 경우 특목고를 대체할 또 다른 제3의 기관이나 학교가 등장하게 될 것"이라고 진단했다.

문 대통령은 이날 기자회견에서 "학교 단위의 자치기구를 제도화해 학부모·학생·교사의 교육주권 시대를 열겠다"고 밝히기도 했는데 이는 김 전 교육감의 전매특허인 '혁신학교'를 모델로 한 구상이다. 실제로 문 대통령은 "모든 학교에서 혁신교육을 해 이미 만들어진 혁신교육지구를 활성화하고 대한민국의 모든 학교가 혁신학교가 되도록 지원하겠다"고 강조하기도 했다.

혁신학교가 한때 선풍적인 바람을 일으킨 것은 사실이지만, 확산되는 과정에서 '무늬만 혁신학교'가 속출한다는 지적이 나왔던 만큼 이에 대한 대책도 제시해야 한다는 지적도 있다. 이찬승 '교육을 바꾸는 사람들' 대표는 "외고 등의 일반고 전환 등은 사회적 격차가 있는 사람들이 함께한다는 포용적 교육이라는 측면에서 방향이 맞다"면서도 "일반고 내에서 다양성을 존중해줄 수 있는 교육과정 운영이 동시에 추구돼야 한다"고 말했다.

누리 예산은 정부가 담당하고 의무교육 고교로 확대

문 대통령은 누리과정 예산에 대해 국가 책임을 확대하겠다고 밝혔다. 과거 박근혜 정부 아래서 정부와 지방 교육청이 핑퐁 게임을 하던 누리과정 예산 논쟁에서 지방 교육청의 손을 들어주는 결말로 이어질 가능성이 높아졌다. 문 대통령은 교육 정책 공약을 발표하면서 "누리과정 예산은 정부가 책임지겠다"면서 "다시는 예산 때문에 보육대란 사태가 일어나지 않도록 하겠다"고 말했다.

누리과정 예산 문제는 과연 누가 재원을 부담할지 여부다. 이를 놓고 박근혜 정부 4년 내내 잡음이 끊이질 않았다. 우선 누리과정은 박근혜 전 대통령이 무상보육을 공약으로 내세우면서 도입됐다. 유치원과 어린이집에 다니는 만 3~5세 어린이들에게 공평한 교육과 보육의 기회를 보장하려고 2012년부터 만들어 제공하고 있다. 이는 '지방교육재정교부금'이라는 재원을 어디에 사용할지에 따라 시각이 갈렸는데, 시도 교육청은 교육 예산은 초·중등학교에 쓰여야 한다며 한 푼도 배정할 수 없다는 입장을 고수했다. 반면 정부는 2015년 10월 지방재정법 시행령을 개정해 누리과정 예산을 의무지출경비로 지정하면서 법적 논란은 끝났다는 입장이었다. 물론 그동안 국회 논의 과정에서 예비비로 지원했으며 특히 2016년에는 유아교육지원 특별회계를 신설해 누리과정 예산을 지원토록 하면서 보육대란은 일어나지 않았다.

하지만 문 대통령은 이에 그치지 않고 정부가 누리과정 예산 부담을 늘리겠다고 선언했다. 하지만 정부 예산이 그만큼 여유가 있는지에 대해서는 의문을 제기하는 목소리가 높다. 2017년 누리과정 예산은 유치원(1조 9,049억 원), 어린이집(1조 9,245억 원) 등 총 3조 9,400억 원인데, 이 가운데 정부가 어린이집 예산의 45%인 8,600억 원을 부담한다. 하지만 문 대통령의 공약대로라면 최대 4조 원의 예산을 정부가 부담해야 해 논란이 예상된다.

또한 문 대통령은 임기 안에 고등학교까지 국가가 전액 부담해 의무교육을 확대하겠다고 공약했다. 한국의 의무교육은 1948년 헌법과 교육법으로 제정되었으나 실질적인 초등학교 의무교육은 지난 1954~1959년 '의무교육 완성 6개년 계획'에 따라 처음으로 실시됐다. 중학교 의무교육은 1985년 제정된 '중학교 의무교육 실시에 관한 규정'에 따라 도서·벽지 중학교 1학년부터 시작됐고, 2004년 중학교 3학년까지 확대했다. 이와 같은 의무교육 확대는 문 대통령 시대를 맞아 고교까지 확대하는 순간을 맞이하게 될 예정이다.

문 대통령은 "찜통교실, 냉골학교, 재래식 화장실을 방치하고 뒤떨어진 아이들을 포기하면서 언제나 학생들은 교육 정책 순위에서 뒷전이었다"면서 "무엇보다 먼저 교육을 학생들에게 맞추겠다. 모든 학생들이 행복해할 수 있도록 국가가 초·중·고 교육을 완전히 책임지는 시대를 열겠다"고 말했다.

국공립대 공동운영 체계로 대학 혁신

문 대통령은 학교 서열화 해소 대상에서 대학도 예외가 될 수 없다고 못을 박았다. 문 대통령은 대학 서열화 파괴 방안으로 저서《대한민국이 묻는다》에서 "서울대와 지방 국공립대를 함께 입학하도록 해 국공립대 공동학위제를 도입하겠다"는 방침을 밝힌 바 있다. 서울대도 지방 국립대와 마찬가지로 여러 국립대 중 하나로 만들어 서열화를 줄이겠다는 취지다.

문 대통령은 이에 대해 "서울대를 폐지하는 게 아니라 지방 국립대를 서울대 수준으로 끌어올리겠다는 얘기"라고 했지만, 사실상 '서울대 폐지'로 받아들여질 수밖에 없다는 시각이 많다. 이런 비판을 의식해 2017년 3월 22일 기자회견에서 국립대 공동학위제는 공식 언급되지 않았고 2017년 4월 28일 발표한 공약집에는 '중장기적 대학 네트워크 구축을 통해 대학 서열화 완화'로 한 걸음 물러섰다. 문 대통령은 공약집에서 "국공립대 공동운영 체계를 통해 대학들의 자발적 고등교육 혁신 체제 방안을 구축하겠다"면서 "각각 국공립대의 기능별, 중점 분야별 특화를 추진하고 네트워크를 구축해 혁신 강소 대학으로 거듭날 것"이라고 밝혔다.

'국립대 공동학위제'에서 물러나긴 했지만 대학 서열화를 완화하겠다는 공약이 후퇴된 것은 아니라는 평가가 나왔다. 문 대통령은 교육정책 발표 기자회견에서 "지역 국립대를 육성해 대학 서열화 구조를 바꿔내겠다"며 "거점 국립대를 선정하고 교육비 지원을 늘려 서울 주요 사립대 수준에 뒤지지 않도록 육성하겠다"고 강조했다. 연간 1인당 약 1,500만 원 수준인 거점 국립대 지원 예산을 1인당 2,200만 원 수준으로 끌어올리겠다는 것이다.

또한 문 대통령은 장기적으로 발전가능성이 높은 사립대는 '공영형 사립대'로 전환시켜 육성하겠다는 공약도 함께 내놨는데, 대학의 공공성을 강화하고 명문대와 지방대 격차를 해소하겠다는 의지를 드러낸 것으로 해석된다. 문 대통령은 공약집을 통해 "대학재정지원사업을 개편해 대학의 자율성을 확대하겠다"면서 "재정지원을 일반재정지원사업과 특수목적지원사업으로 구분할 것"이라고 밝혔다. 그는 이어 "일반재정지원사업은 미래사회에 대응하기 위한 중장기 발전 계획을 토대로 대학을 지원하고 이행 실적 위주로 평가할 것"이라고 덧붙였다.

교실혁명으로 교육혁명 이뤄낸다

"모든 교육은 교실에서 시작된다. 교실혁명으로 교육혁명을 시작하겠다." 문 대통령의 공교육 정상화 의지는 교육환경 개선으로도 이어진다. 문 대통령은 "무너진 교실을 다시 일으키고 잠자는 학생을 깨우겠다"면서 "공교육을 일으키고 사교육비를 줄일 혁신대책"을 강조했다. 먼저 초등학교에 '1:1 맞춤형 성장 발달 시스템'과 기초학력보장제를 도입하겠다고 밝혔다. 이를 통해 학생들 개개인에 맞는 맞춤형 교육을 하겠다는 것이다.

아직 구체적인 방안을 내놓지는 않았지만 초등학교 교사가 학생들의 잠재력을 파악하고 각자 발달 단계에 맞는 교육을 내놓겠다는 정책이 도입될 것으로 예상된다. 또한 기초학력 미달 학생들의 학력수준에 따라 맞춤형으로 학습을 지원하고 학교와 교사의 책임지도를 넘어서는 보장 체계가 확산될 것으로 보인다. 그동안 수월성 위주 교육으로만 이뤄지던 교육현장을 모두가 혜택을 누리는 형태로 진화시키겠다는 의지가 담긴 정책으로 풀이된다.

문 대통령은 중학교 일제고사도 폐지한다고 공언했다. 절대평가를 단계적으로 도입하고 자유학기제를 확대해 성적 스트레스를 일부 경감하고 진로교육을 제공해 각자 꿈을 이룰 수 있는 기반을 마련하겠다는 정책을 함께 내놨다. 또한 고등학교에서는 고교학점제를 실시해 교사가 수업을 개설하고 학생이 원하는 과목을 수강하는 형태로 운영하겠다는 복안도 내놨다. 사실상 고교에서는 대학처럼 학생들이 원하는 수업을 학년과 상관없이 이수해 각자의 능력과 재능에 맞게 자신을 개발할 수 있는 여건을 마련하겠다는 의미다.

이 밖에 초·중·고 모두에서 예체능교육을 학과공부 이상으로 더 넓히고 활성화해 국·영·수 위주의 교육현장을 개선하겠다고 문 대통령은 밝혔다. 그동안 한국 교육의 문제점으로 지적됐던 '한 줄 세우기'를 '여러 줄 세우기'로 점차 전환하겠다는 의지가 담긴 정책이라는 평가가 나온다. 문 대통령은 "예체능교육을 대학입시에 반영되도록 유도할 것"이라면서 "학생선수들이 공부와 운동을 함께하도록 하겠다"고 말했다.

교육적폐 절대 용서하지 않겠다

정유라의 입시비리로 전 국민이 촛불시위를 벌인 2016년 말, 문 대통령은 촛불민심을 받아들여 교육적폐를 없애겠다는 공약도 내놓아 주목을 끌었다. 문 대통령은 "대학입시를 투명하고 공정하게 관리하겠다"면서 "입시·학사비리를 일으킨 대학은 앞으로 어떤 지원도 정부에서 받을 수 없게 될 것"이라 강조했다.

특히 문 대통령은 참여정부의 대표적 정책인 로스쿨 제도는 유지하되 투명성을 강화하겠다는 복안도 내놨다. 문 대통령은 "집안 배경을 수단으로 로스쿨에 들어가는 일이 있었다"면서 "로스쿨 입시를 100% 블라인드 테스트로 개선하고 가난한 학생도 학업을 포기하지 않도록 만들겠다"고 밝혔다.

교육부는 2016년 5월 2013~2015년 로스쿨 입학전형 과정에서 부모 스펙을 자기소개서에 적은 학생 24명을 적발했는데, 이런 이유로 로스쿨 제도는 '현대판 음서제'라는 비판을 받아왔다. 특히 이 가운데 8명은 입시요강을 어기고 부모와 친인척 신상을 기재하기도 했는데, 교육부가 입학취소를 거부해 논란을 빚었다. 특히 일부는 부모나 친인척이 누구인지를 알 수 있는 수준으로 적었는데 전직 시장·법무법인 대표·공단 이사장·지방법원장의 자녀와 변호사협회 부회장의 조카 등이었다. 로스쿨 입시가 부의 대물림을 조장하는 제도로 변질됐다는 비판이 나왔던 것도 이런 이유였다.

문 대통령은 로스쿨 제도를 유지하고 사법고시를 폐지하겠다는 입장에는 변화가 없다. 문 대통령은 2017년 2월 6일 노량진 공무원시험 학원을 방문해 "로스쿨을 만들었던 참여정부 사람으로서 이제 와서 다시 사법고시로 되돌아가자고 하기 어려운 입장"이라고 밝혔다. 사실상 사법고시 존치는 어렵다고 선을 그은 셈이다. 사법고시는 2017년 12월 31일에 폐지될 예정인데,

예정대로 진행될 가능성이 높아졌다. 사법고시 폐지는 2005년 참여정부 당시 사법제도개혁추진위원회가 법학전문대학원(로스쿨)설치법을 만들고 2007년 국회에서 법안이 통과되면서 본격화됐다.

문 대통령은 다만 "행정고시와 외무고시는 잘 모르겠다"고 말해 여운을 남겼다. 문 대통령은 "공무원부터 장관까지 같이 승진하면 좋을 텐데 어떤 공무원은 9급에서 시작하고 어떤 공무원은 하위직 경험 없이 곧바로 간부가 된다"며 "경찰도 어떤 분은 순경에서 시작하는데 어떤 분은 경찰대를 졸업하면 곧바로 간부로 간다. 이게 좋은 건지 잘 모르겠다"고 말했다.

— "교육을 통해 흙수저도 금수저가 될 수 있어야 한다. 교육이라는 희망의 사다리를 다시 놓겠다."

- 교육정책 발표 기자회견, 2017. 3. 22.

— "국가가 교육을 완전히 책임지는 시대를 열겠다. 누리과정 예산은 정부가 책임을 지겠다. 초등학교에서 고등학교까지 국가가 책임지는 의무교육을 이루겠다."

- 교육정책 발표 기자회견, 2017. 3. 22.

— "설립 취지에서 벗어나 입시명문고가 돼버린 외국어고, 자사고, 국제고를 단계적으로 일반고로 전환하겠다. 일반고 전성시대를 열어가겠다."

- 교육정책 발표 기자회견, 2017. 3. 22.

— "대학입시를 학생부교과전형, 학생부종합전형, 수능전형 세 가지로 단순화하겠다. 수시 비중은 단계적으로 축소하고 모든 대학에서 기회균등전형을 의무화하겠다."

- 교육정책 발표 기자회견, 2017. 3. 22.

— "대학 서열화는 지역 국립대 육성으로 바꿔내겠다. 서울 주요 사립대 수준에 뒤지지 않도록 거점 국립대의 교육비 지원을 인상하겠다. 장기적으로 발전가능성이 높은 사립대학은 '공영형 사립대'로 전환시켜 육성하겠다."

- 교육정책 발표 기자회견, 2017. 3. 22.

— "기업의 블라인드 인재채용을 확대시켜 학력과 학벌, 차별 없는 공정한 출발선을 만들겠다."

- 교육정책 발표 기자회견, 2017. 3. 22.

— "초등학교에 '1:1 맞춤형 성장발달 시스템'과 기초학력보장제를 도입하겠다. 중학교 일제고사를 폐지하고 절대평가를 단계적으로 도입하겠다. 자유학기제는 확대 발전시키겠다. 고등학교의 고교학점제를 실시하겠다."

- 교육정책 발표 기자회견, 2017. 3. 22.

— "집안 배경을 수단으로 로스쿨에 들어가는 일이 없도록 하겠다. 로스쿨 입시를 100% 블라인드 테스트로 개선하겠다."

- 교육정책 발표 기자회견, 2017. 3. 22.

— "대통령 직속 자문기구인 국가교육회의를 설치하겠다. 교육개혁에 대한 범사회적 합의를 도출하겠다. 초·중·등 교육은 시도 교육청에 완전히 넘기고 학교 단위의 자치기구도 제도화하겠다."

- 교육정책 발표 기자회견, 2017. 3. 22.

— "당장 지금 학제 개편을 공약으로 제시해서 집권하면 곧바로 시행하겠다라고 하는 것은 현실적으로 무리다. 입학년도를 1년 앞당긴다면 기존의 1학년과 앞당겨지는 1학년이 동시에 대학교 4학년까지 다니는데 감당해나갈 수 있을까?"

- 〈이데일리〉 인터뷰, 2017. 4. 9.

— "서울대와 지방 국공립대에 함께 입학하도록 해 국공립대 공동학위제를 도입하겠다. 서울대를 폐지하는 것은 아니지만 지방 국립대를 서울대 수준으로 끌어올리겠다."

- 저서 《대한민국이 묻는다》 중에서

— "이명박 정부가 교육부와 과학기술부를 합쳤는데 그런 '작은 정부' 정책은 참 끔찍한 것이다."

- 〈조선일보〉 인터뷰, 2017. 1. 16.

— "'김일성 주체사상을 우리 아이들이 배우고 있다'는 주장은 완전히 모순투성이다. 만약 사실이라면 대한민국 교육부를 국가보안법 위반 혐의로 다 수사해야 한다."

- 〈경향신문〉 인터뷰, 2015. 10. 19.

— "유독 경상남도는 초등학교조차 아예 중단했는데, 도 재정 형편 때문이 아니라 도지사 한 사람의 빗나간 소신 때문이다. 아이들 밥그릇을 뺏는 건 도정이 아니라 비정이다. 무상급식은 지역에 상관없이 해야 한다."

- 경남 창원 현장 최고위원회의, 2015. 3. 18.

점점 심해지는 사교육비 격차

한국 교육 시스템이 '고비용·저효율'로 바뀌면서 '개천에서 용 나는' 사례를
보기가 어려워지고 있다. 공교육이 제 기능을 못하면서 사교육이 학생들의
실력을 가르고, 결국 부모들의 소득격차가 자녀들의 교육격차로 이어지는
부작용이 점점 커지고 있다. 특히 2016년에는 고소득층이 저소득층에 비
해 9배나 많은 사교육비를 지출한 것으로 나타나 충격을 주고 있다.

2017년 3월 14일 교육부와 통계청이 발표한 '2016년 초·중·고 사교육비
조사' 결과에 따르면 1인당 월평균 사교육비 지출액은 전년 대비 4.8% 증
가한 25만 6,000원이었다. 1인당 사교육비는 글로벌 금융위기가 한창이던

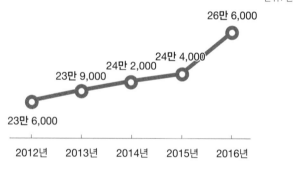

1인당 월평균 사교육비 4년 연속 증가

단위 : 원

26만 6,000

24만 4,000

24만 2,000

23만 9,000

23만 6,000

2012년   2013년   2014년   2015년   2016년

자료 : 교육부, 통계청

소득수준별 사교육비 격차

단위 : 원

소득	사교육비
100만 원 미만	5만
100만~200만 원 미만	9만 8,000
200만~300만 원 미만	15만 4,000
300만~400만 원 미만	21만 1,000
400만~500만 원 미만	26만 5,000
500만~600만 원 미만	31만
600만~700만 원 미만	36만 5,000
700만 원 이상	44만 3,000

자료 : 교육부, 통계청

2008~2009년까지 늘다가 이명박 정부 마지막 해인 2012년 23만 6,000 원까지 떨어졌다. 하지만 이 같은 추세는 박근혜 정부가 출범한 2013년부터 반전돼 2016년에는 통계 작성 이래 처음으로 25만 원을 돌파했다.

고소득층만 경기 상황에 아랑곳하지 않고 사교육비를 늘린 점이 주목된다. 2016년 기준 월평균 소득 700만 원 이상 가구는 전년 대비 5.6% 증가한 44만 3,000원을 사교육비로 썼고, 그 아래 계층인 월평균 600~700만 원 미만 가구는 1.2% 늘어난 36만 5,000원을 썼다. 반면 월소득 500만 원 이하 모든 계층에서는 사교육비 지출이 1년 전보다 줄었다. 특히 100만 원 미만 최저소득계층은 2015년보다 23.6%나 사교육비를 줄이며 고작 5만 원을 쓰는 데 그쳤다. 최저소득계층을 최고소득계층과 비교하면 무려 8.9 배 차이다. 2012년 6.3배에서 격차가 훨씬 커진 셈이다. 전문가들은 소득 계층별 사교육비 지출격차 확대가 교육을 통한 계층 간 이동을 무너뜨리는 원인을 제공한다는 점을 강조한다.

김경근 고려대 교육학과 교수는 "지금처럼 공교육이 제 기능을 못하는 상태에서 사교육 지출이 커지면 계층의 대물림으로 이어질 가능성이 크다"며 "가정의 경제 여건에 따라 교육 기회가 달라지는 문제가 심화되면 계층 이

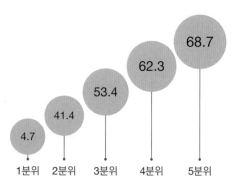

부모 소득 높을수록 4년제 대학 진학률 높아

단위 : %

- 1분위 4.7
- 2분위 41.4
- 3분위 53.4
- 4분위 62.3
- 5분위 68.7

*1분위는 소득 하위 20%, 5분위는 상위 20%
자료 : 한국의 세대 간 사회계층 이동성에 관한 연구
(민인식 경희대 경제학교 교수·최민선 건국대 국제무역학과 교수)

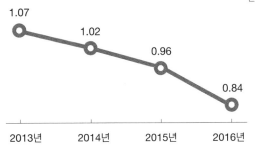

교육청 예산 중 저소득층 지원은 오히려 줄어

단위 : 조 원

1.07
1.02
0.96
0.84

2013년　　2014년　　2015년　　2016년

자료 : 교육부

동은 갈수록 희박해질 수밖에 없다"고 지적했다. 최필선 건국대 국제무역
학과 교수와 민인식 경희대 경제학과 교수가 2015년에 낸 〈한국의 세대 간
사회계층 이동성에 관한 연구〉 논문에 따르면 2,000명의 학생을 10년 동
안 관찰한 결과 소득 하위 20%인 1분위 가구 자녀의 일반계 고등학교, 4
년제 대학 진학률은 각각 51.0%, 30.4%에 머무른 데 반해 상위 20%인
5분위 가구의 자녀는 이 수치가 각각 89.1%, 68.7%까지 올라갔다.

공교육이 평준화된 범용 인재를 키우는 20세기식 교육 방식에 머물다보니
사교육을 통해 특화 과목을 보충하는 사례도 늘고 있다. 2016년 일반 교과
사교육비가 평균 19만 1,000원으로 0.6%(1,000원) 늘어난 데 비해 예체
능 사교육비는 6만 3,000원으로 19.5%(1만 원)나 증가한 게 대표적이다.

육아 부담 줄이고
여성 일자리 늘리고

　한국이 당면한 최대 과제는 '저출산'이다. 2017년부터는 만 15~64세의 생산가능인구가 감소하면서 잠재성장률 추락을 피할 수 없게 됐다. 장기적으로는 더 암담하다. 데이비드 콜먼 영국 옥스퍼드대 교수는 이미 2006년에 "한국은 저출산이 심각해 인구가 소멸하는 지구상의 첫 번째 국가가 될 수 있다"고 경고했다.

　역대 정부는 저출산 문제 해결을 위해 2006년 '새로마지 플랜'을 시작으로 세 차례에 걸친 '저출산·고령화 기본계획'을 통해 150조 원이 넘는 돈을 쏟아부었다. 하지만 오히려 합계출산율(가임여성 1인당 평균 출생아 수)은 2016년 기준 1.17명으로 세계 224개국 중 220위까지 추락했다. 전문가들은 단기적으로 생산가능인구 감소에 따른 충격을 줄이기 위해선 여성 고용을 대폭 확대해야 한다고 지적한다.

동시에 저출산 문제 해결을 위해선 단순히 출산장려금을 주는 수준을 넘어 보육환경을 대폭 개선해 '일과 육아가 양립하는 사회'를 만들어야 한다고 입을 모은다.

문재인 대통령의 육아와 여성 정책에 관심이 쏠리는 이유다. 지난 박근혜 정권 당시 누리과정 예산 문제로 정부와 지방자치단체는 3년이 넘는 시간 동안 소모적 다툼을 벌였다. 이를 반면교사로 삼아 치밀하고 정치한 대책이 요구되는 시점이다.

육아는 처음부터 끝까지 국가의 책임

문 대통령의 육아 정책은 부모가 아이를 안심하고 맡길 수 있는 '국가 돌봄 시스템' 확충으로 요약된다. 이를 위해 문 대통령은 아동수당과 육아휴직급여 등 국가 지원 확대, 국공립 어린이집 확충, 부모 유연근무제나 아빠 육아휴직 보너스 도입과 같은 일·가정 양립을 위한 제도적 방안 마련을 주요 정책으로 제시했다.

우선 '아동수당'은 낮은 출산율을 개선하기 위한 정책이다. 육

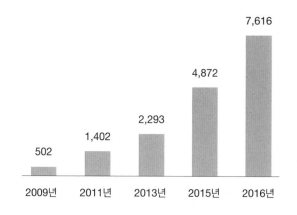

남성 육아휴직 얼마나 늘었나

단위 : 명

7,616

4,872

2,293

1,402

502

2009년　2011년　2013년　2015년　2016년

자료 : 고용노동부

아에 따른 경제적 부담을 덜어주기 위해 0세부터 5세 아동까지 매달 10만 원을 지급하는 게 골자다. 2018년 하반기 시행한 뒤 단계적으로 지급대상과 지급액을 확대하겠다는 계획이다.

이와 함께 육아휴직을 확대하고 육아휴직급여를 대폭 인상할 계획이다. 우선 남성 배우자의 공동 출산휴가 사용기간을 현행 '5일 이내, 3일 유급휴가'에서 '30일 이내, 20일 유급휴가'로 늘린다는 방침이다.

동시에 회사 눈치를 봐야 하는 육아휴직 신청자들을 배려해 '자동 육아휴직제'와 '아빠 육아휴직 보너스제'를 확대하겠다는

문재인 대통령이 2017년 3월 16일 오전 서울 마포구 신한류플러스 프리미엄 라운지에서 '전국 지역맘 카페 회원들과의 만남'을 갖고 있다.

방침이다. 2015년 기준 육아휴직 사용자는 총 8만 7,000명, 이 가운데 남성 육아휴직자는 5,000명에 불과하다. 휴직에 따른 수입 감소와 회사의 곱지 않은 시선이 육아휴직을 막는 주요 요인으로 꼽힌다.

'자동 육아휴직제'는 롯데그룹과 같은 일부 대기업들이 이미 사내복지 형태로 도입하고 있는 제도다. 출산휴가(3개월) 이후 별도의 신청 없이 1년간 육아휴직에 들어갈 수 있도록 하는 내용이다. 아이가 태어나면 자동으로 육아휴직이 신청되니, 지금처럼 육아휴직서를 제출할 때 상사의 눈치를 볼 필요가 없다. 거꾸로 출산휴가에 이어 육아휴직을 쓰지 않으려면 별도의 서류를 회사에 제출해야 한다.

이와 함께 '아빠 육아휴직 보너스제'를 도입해 자녀 수와 관계없이 배우자의 산전휴가나 육아휴직에 연속해서 아빠가 육아휴직을 사용할 경우 6개월까지 육아휴직 급여를 소득대체율의 80%, 200만 원 한도로 지급한다. 현행 월 급여의 40%, 100만 원 한도에 묶여 있는 육아휴직 급여도 대폭 올린다. 육아휴직 최초 3개월간 80%까지 올리고, 한도도 둘째 아이부터는 200만 원으로 상향 조정하겠다는 것이다. 육아휴직 확대에는 연평균 1조 8,000억 원이 소요될 것으로 보고 있다. 2016년 기준 육아휴직 급여 예산 6,721억 원에서 3배 가까이 늘어나게 되는 셈이다.

'더불어 돌봄제'는 일·가정 양립을 돕기 위한 문 대통령의 핵심 정책이다. 8세 또는 초등학교 2학년 이하 자녀를 둔 부모의 근로시간을 6시간으로 단축하고, 출퇴근 시간도 오전 10시 출근, 오후 4시 퇴근을 선택할 수 있도록 하는 부모유연근무제를 도입하겠다는 것이다. 근무시간이 줄어들면서 임금이 줄어드는 부분은 고용보험기금에서 지원해 실제 임금이 깎이지 않도록 하겠다는 게 핵심이다. 이에 따라 0~8세 아동을 둔 부모의 경우 최장 24개월 범위 내에서 임금 삭감 없이 근로시간을 오전 10시부터 오후 4시까지로 줄일 수 있게 된다.

현재도 고용보험에서는 문 대통령의 공약과 비슷한 '육아기 근무시간 단축제도'를 운영하고 있다. 자녀 육아를 위해 최대 1년간 노동시간을 단축하고, 노동시간이 줄면서 감소한 임금 일부를 고용보험기금이 지원하는 제도다. 그러나 한 해 평균 이용자는 5,000명에 불과한 실정이다. 거의 사장된 이 제도를 다시 활성화하자는 게 문 대통령 생각이다.

박원순 서울시장의 주요 정책이었던 국공립 육아정책도 계승했다. 문 대통령은 현행 12.1%에 머물고 있는 국공립 어린이집 이용 아동을 40%까지 늘리겠다는 입장이다. 이를 위해 공동주택에도 국공립 어린이집을 설치하고, 운영난에 처한 사립유치원을 국공립으로 인수하거나 공공형 유치원으로 육성한다. 특히 직장어린이집의 혜택을 받지 못하는 중소기업 노동자들을 위해 중소기업 밀집지역과 산업단지에 국공립 어린이집을 우선 확충하겠다는 뜻도 밝혔다. 실제 중소기업에 근무하는 여성 근로자의 비율이 높은데도 정부의 직장어린이집 지원 예산은 대기업에 편중돼 있다.

고용노동부 통계에 따르면 2014년 기준 여성의 69.3%, 남성의 60.2%는 50인 미만 사업체에 종사하고 있다. 하지만 2015년 기준 정부로부터 직장어린이집 설치 지원을 받은 88개 기업 중 67개(76.1%)가 대기업인 반면 중소기업은 21개(23.9%)에 불과하다. 육아정책연구소 조사 결과 중소기업의 경우 어린이집을 설치할

공간이 부족하거나, 이용 대상이 부족한 경우, 설치 및 관리비용 부담을 감당하기 버거운 경우가 많았다. 이런 여건을 고려해 중소기업 근로자들이 우선적으로 국공립 어린이집 혜택을 보도록 하겠다는 게 문 대통령의 계획이다.

보육 질, 교사 처우 대폭 높인다

어린이집 보육료 현실화와 보육교사들의 처우 개선도 주요 정책으로 추진된다. 보육료 현실화는 보육료 지원 때 물가 상승률이 반영되고 있지 않는 점을 고친다는 내용이다. 정부는 표준보육료를 기준으로 어린이집을 지원한다. 표준보육료란 어린이집에서 한 달간 아이 1명을 돌보는 데 드는 비용을 정부에서 3년마다 새롭게 산정한 것이다. 현재는 표준보육료의 97%만 지원이 이뤄지고 있어 어린이집의 재정 부담 요인으로 꼽힌다. 이렇듯 표준보육료가 현실과 동떨어지다보니 어린이집 원장들의 불법과 편법을 부추긴다는 지적을 받아왔다.

이런 현실을 타파하기 위해 표준보육료를 물가 인상에 맞춰 현실화함으로써 재정 부담을 교사에게 전가하는 일을 막고, 어린이집 보육의 질을 높이겠다는 계획이다. 다만 보육료를 현실화하는 대신 보육료를 산정할 때 어린이집 운영자, 보육교사, 학부모, 공익대표가 참여할 수 있도록 제도를 개선해 보육의 공공성도 함께 강화하겠다는 계획이다.

과도한 보육교사들의 업무 부담을 줄이고 처우를 개선해 보육의 질을 높이는 것도 문재인표 보육정책의 주요 내용이다. 보건복지부에 따르면 2015년 기준 보육교사 수는 32만 1,067명으로 불과 3년 새 30% 가까이 늘었다. 보육교사의 월 급여는 176만 6,000원으로 2012년 155만 100원보다 13.9%(21만 원) 올랐다. 하지만 질적인 측면에서 교사들이 체감하는 근로조건은 크게 개선되지 않았다는 게 현장의 목소리다. 대체교사 부족으로 연차휴가조차 제대로 쓰지 못하고, 주말에 각종 보수교육에 시달리는 교사 비율이 70%를 넘는다. 이런 문제점을 해소하기 위해 보육교사를 대상으로 '8시간 근무제'를 도입하겠다고 문 대통령은 밝혔다. 이와 연계해 일손이 모자라는 보육교사의 복지 확대를 위해 보조교사와 대체교사 채용을 늘린다는 계획이다.

방과 후 교실은 '돌봄학교'라는 이름으로 전면 확대하고, 돌봄교사 12만 명도 추가로 채용하기로 했다. 돌봄학교를 다양화하기 위해 '학교 내 돌봄학교'와 '지역사회 돌봄학교'를 나누고, 재단법인, 협동조합, 사회적 기업, 방과 후 아카데미와 같은 다양한 형태의 돌봄학교 운영도 허용한다. 현재 초등학교 2학년까지만 시행하는 방과 후 학교도 초등학교 6학년까지로 늘려 학교교육 '12시간 체제'를 도입하겠다는 게 문 대통령 계획이다. 또한 사립유치원 교사·보육교사의 처우를 국공립 수준으로 개선하고, 광역 단위의 사회서비스공단을 신설해 보육교사를 준공무원으로 흡수하기로 했다.

누리과정도 문 대통령이 반드시 해결해야 할 잠재적 뇌관이다. 매년 반복되는 '보육대란' 파행을 벗어나기 위해 '누리과정 국가책임제'를 도입해 누리과정 예산을 전액 국가에서 부담하겠다는 입장이다. 박근혜 정부에서는 누리과정 예산 편성을 놓고 교육청의 의무지출사항이라는 정부와, 대통령 공약이었던 만큼 정부가 부담해야 한다는 지방자치단체·교육청이 첨예한 대립을 벌이다 2016년 말 3년 한시 특별회계 설치에 합의하며 일단 봉합해둔 상태다. 누리과정의 국고 부담 원칙을 밝힘에 따라 보육대란 반복은 피할 수 있게 됐지만, 예산 부담은 문 대통령이 부담해야 할 새로운 짐이 될 것으로 보인다.

여성이 행복한 대한민국

문 대통령의 여성정책 모토는 '여성이 행복한 대한민국'이다. 성평등을 확대하고 일·가정 양립이 가능하도록 성차별적인 사회관습을 모두 철폐하는 동시에, 여성에 대한 폭력 없는 안전한 사회를 만드는 게 골자다.

우선 여성 채용과 승진에서 '유리천장'을 없앤다. 20~30대 여성이 노동시장에 진입할 수 있도록 '블라인드 채용제'를 도입하고, 여성 채용 우수기업에 조세감면이나 포상을 통한 인센티브를 제공하겠다는 구상이다. 이어 여성 관리직 비율이 높은 기업과 여성차별 없는 승진제도를 시행하는 기업에는 국가가 특별지원을 하겠다는 계획도 내놨다. 공기업과 준정부기관에서 여성 관리자 비율을 획기적으로 늘려 유리천장 파괴의 모범사례를 만들기로 했다.

비정규직 여성을 위한 노동·복지환경의 개선에도 공을 들인다. 여성 비정규직의 사회안전망 강화를 위해 두루누리 사회보험 지원 대상을 늘릴 계획이다. 기간제 비정규직 여성의 출산휴가를 계약기간에 산입하지 않고 자동연장함으로써 출산휴가 급여 지급을 보장하는 내용도 공약에 포함됐다. 또한 비정규직 여성들이 출산휴가나 육아휴직 급여를 신청할 때 고용지원센터와 같은 제3의 기관에서 확인서를 받을 수 있도록 할 방침이다. 현재는 확인서를 사업주에게 발급받은 뒤 근로자가 고용센터에 제출하면 심사를 거쳐 급여를 지급하는 시스템이다. 그렇다보니 근로여건이 불안정한 비정규직 여성의 경우 사실상 사업주로부터 확인서를 받는 게 쉽지 않았다.

경력단절 여성을 위해서도 원래 수준의 직장에 들어갈 수 있도록 재취업을 알선하고 취업 이후에도 관리를 도와주는 지원

문재인 대통령이 2017년 2월 8일 경기 성남에 있는 경력단절 여성 채용 우수기업인 (주)ISC를 방문해 직원과 대화하고 있다.

센터를 부처별로 지방자치단체와 함께 운영한다. 이 같은 정책 추진을 위해 여성 관련 정책기구에 힘을 실어주기로 했다. 여성 가족부 기능을 대폭 강화하고, 대통령 직속 성평등위원회를 설치해 성평등 정책을 위한 추진동력을 확보하겠다는 계획이다.

여성에 대한 각종 물리·사회적 폭력 근절에도 힘을 쏟기로 했다. 가칭 '여성폭력방지기본법'을 제정하고 이혼 진행 중인 피해자와 피해자 자녀를 가정폭력 가해자로부터 보호하기 위해 부부상담 및 면접교섭권을 제한하기로 했다. 피해자 등이 보호시설 퇴소 후 자립할 때까지는 주거와 생활유지를 위한 자립지원금을 지급한다. 또 성매매 피해여성을 범죄자로 보는 현재의 시각을 개선해, 성매매에 유입된 아동·청소년을 '피해자'로 규정하고 성 산업과 성 착취를 근절하기로 했다. '성매매 피해아동·청소년 지원센터'를 설치·운영하고, 상담·지원 등을 강화하는 한편, 몰래카메라 이용 범죄 및 스토킹·데이트 폭력에 대한 처벌 수위도 대폭 높일 방침이다.

문재인의 말말말

— "엄마와 아빠, 국가가 아이를 함께 키우는 나라를 만들겠다. 여성이 경제활동에 많이 참가하는 나라가 잘사는 나라다. 아빠들에게도 아이를 키우고 함께 시간을 보낼 권리와 의무를 보장하는 나라를 만들겠다."

- 정책공간 국민성장 주최 포럼, 2017. 2. 16.

— "성평등은 인권의 핵심가치다. '사람이 먼저인 세상'은 곧 성평등한 세상이다."

- 정책공간 국민성장 주최 포럼, 2017. 2. 16.

— "성별이나 연령, 학력을 이유로 차별받지 않고 모두의 의무가 다르지 않은 세상을 만들기 위해 저 문재인을 도구로 삼아달라."

- 세계 여성의 날 기념식, 2017. 3. 8.

— "공약으로 약속드리기는 쉽지 않지만, 단계적으로라도 남녀 동수 내각을 향해 노력해야 한다고 생각한다. 과거 참여정부 때도 역대 어느 정부보다 많은 정부직 여성 장차관을 배출했는데 그런 노력을 한층 더 높여나가겠다."

- 세계 여성의 날 기념식, 2017. 3. 8.

— "아이를 키우는 부모는 적어도 아이가 초등학교에 들어가기 전에는 '10 to 4(오전 10시~오후 4시)'로 임금감소 없이 노동시간을 줄이는 유연근무제를 도입하겠다."

- 전국 지역맘 카페 회원들과의 만남, 2017. 3. 16.

— "아빠 육아휴직 활성화를 위해 육아휴직 시 승진과 보직에 불이익을 주는 기업에 페널티를 부과하겠다. 아빠 육아휴직 급여를 2배로 인상하고, 임금감소 없는 근로시간 단축도 본격화하겠다."

- 〈이데일리〉 인터뷰, 2017. 4. 9.

— "저도 가까운 곳에서 육아전쟁을 겪고 있다. 제 딸은 경력단절 여성이다. 직장 잘 다니다가, 아이를 낳으면서 키워줄 사람이 없어 어쩔 수 없이 자신의 꿈을 접었다. 기혼여성의 44%가 보육의 어려움 때문에 경력단절을 선택하는 것은 개인적으로도, 국가적으로도 안타까운 손실이다."

- 보육정책 발표 기자회견, 2017. 4. 14.

— "세계적으로 낮은 출산율의 근본원인은 '육아전쟁'이다. 0세부터 11세까지 돌봄이 필요한 우리 아이들, 아침 7시부터 저녁 7시까지 완전 돌봄을 이루겠다. 안심하고 아이를 키울 수 있는 나라를 만들겠다."

- 보육정책 발표 기자회견, 2017. 4. 14.

— "누리과정은 국가가 책임지겠다. 더 이상 보육대란이 일어나지 않도록 만들겠다."

- 보육정책 발표 기자회견, 2017. 4. 14.

휴대전화 통신 기본료 없애고 단말기지원금 상한제 폐지

가계 통신비 절감은 대선 때마다 등장하는 단골 공약이다. 가계소비에서 지출 비중이 높은 데다, 이동통신 3사의 막대한 영업이익과 맞물려 정치권의 주요 타깃이 될 수밖에 없기 때문이다. 문 대통령도 예외는 아니다. 문 대통령은 대선 당시 "이동전화 요금이 한 가구, 한 달에 12만 4,500원, 1년이면 150만 원"이라며 "소비자는 요금폭탄을 맞고 있지만 기업은 요금 폭리를 취하고 있다"고 꼬집었다. 문 대통령의 가계 통신비 절감 공약의 핵심은 통신 기본료 완전 폐지와 '이동통신단말장치 유통구조 개선에 관한 법률(단통법)' 개정을 통한 단말기지원금 상한제 폐지다. 문 대통령은 이 같은 내용을 포함하는 '가계통신비 부담 절감 7대 정책'을 추진할 것으로 보인다.

문 대통령은 음성통화를 주로 이용하는 고령층과 사회취약계층에게 적지 않은 부담이 되고 있는 월 1만 1,000원가량의 휴대전화 통신 기본료를 완전 폐지하겠다고 밝혔다. 통신 기본료는 통신망을 깔고 통신설비를 만드는 데 든 비용인데, 이미 통신망과 관련된 설비투자가 모두 끝난 상황인 만큼 기본료를 더 이상 받을 이유가 없다는 지적이다. 통신망 유지·보수를 위해 기본료가 필요하다는 이동통신사의 주장도 정면으로 반박했다. 통신사들의 영업이익이 수조 원에 달하고, 사내유보금이 수십 조 원인 상황에서 기본료가 필요하다는 주장은 어불성설이라는 것이다. 기본료를 폐지해

기업에 들어가는 돈을 노인과 취약계층으로 돌리겠다는 게 기본구상이다. 이와 함께 단통법 개정을 통한 단말기지원금 상한제 폐지도 제안했다. 한국 제조사의 제품이 미국에서 21%나 더 싸다는 것을 지적하며 2017년 10월로 일몰 예정인 단말기지원금 상한제를 앞당겨 폐지하겠다는 입장을 내놨다. 이를 통해 이동통신 3사가 더 많은 지원금을 지급할 수 있도록 한다는 것이다. 또 '단말기 가격분리 공시제'도 추진한다. 고객에게 제공되는 단말기지원금 가운데 제조사가 지원하는 금액과 이동통신사가 지원하는 금액을 별도 표시해 고가 단말기 가격의 거품을 빼기 위한 목적이다.

이 같은 강제방안과 더불어 기업 스스로 통신비를 인하하도록 유도하는 방안도 내놨다. 이동통신사들이 차세대 5G 통신기술 구현을 위한 주파수 경매에 사활을 걸고 있는 만큼, 기업에 주파수를 경매할 때 각 사의 통신비 인하 성과와 계획 항목을 평가에 반영하겠다는 계획이다.

휴대전화 이용 행태 변화에 따라 음성통화보다 데이터 이용이 많은 점을 고려해 데이터요금 할인상품을 늘리게 하는 등 데이터 이용 환경도 소비자의 요구에 맞추겠다고 약속했다. 이와 함께 공공시설에 와이파이 설치를 의무화하고 통신사의 와이파이존이 없는 곳은 중앙정부와 지방정부가 공공 와이파이존을 만들어 '와이파이 프리' 대한민국을 만들겠다고도 선언했다. 공공시설이 아닌 곳에서 사용하는 무선인터넷 비용 부담을 줄이는 방안 중 하나로 취약계층을 대상으로 하는 무선인터넷 요금제 도입도 추진한다.

수도권 급행열차 늘리고
만능 교통카드 내놓고

'더 짧은 출퇴근 시간'을 핵심으로 하는 교통 정책도 마련됐다. 문 대통령은 "OECD 발표에 의하면 한국 직장인 평균 통근시간은 2016년 기준으로 58분이었다"면서 "OECD 국가 중 유일하게 50분대로 최하위 수준"이라고 비판했다. 2016년 기준으로 OECD 주요 국가는 평균 통근시간이 28분에 그치는데 이는 2011년 조사 때보다 10분 줄어든 것이다. 하지만 한국은 오히려 역주행해 5년 전 55분보다 3분 늘어났다. 문 대통령은 "대한민국 교통을 이용하기 편하고, 싸고, 빠른 교통으로 바꾸겠다"면서 "체증으로 꽉 막힌 대한민국 교통의 숨통을 트겠다"고 선언했다.

문 대통령은 먼저 수도권 광역 급행열차를 대폭 확대하겠다고 공약했다. 문 대통령은 "수도권 분당선, 수인선, 서울 6호선, 경의선 등 출퇴근 이용자가 많은 노선부터 급행열차를 대폭 확대하겠다"면서 "광역철도 구간에 완행열차 대피선을 만들어 단계적으로 전 구간 급행열차를 개통하겠다"고 설명했다. 문 대통령은 광역 급행열차를 확대하면 만성적자에 시달리는 철도 운영기관의 수익도 대폭 개선될 것이라고 밝혔다. 그리고 "급행열차가 확대되면 출퇴근시간이 짧아져 광역철도 이용객이 증가할 것"이라며 "이를 통해 광역철도 운영기관의 수익 개선에 기여할 수 있고 승용차 이용이 줄어들어 교통량 감소로 출퇴근 시간도 단축될 것"이라고 밝혔다.

'광역알뜰교통카드' 도입도 주목을 끄는 공약이다. 문 대통령이 내놓은 '광역알뜰교통카드'는 정액제 광역교통카드로 사용 횟수에 제한이 없다. 이동거리와 상관없고 추가비용도 없으며 지하철과 버스를 마음껏 이용할 수 있다. 한마디로 '만능형 교통카드'인 셈이다. 심지어 대중교통과 연계된 환승공용주차장 주차비가 대폭 할인돼 주차비 걱정도 덜 수 있는 장점도 있다. 문 대통령은 "해외 사례를 보면 정액제 교통카드 제도 시행으로 대중교통비가 30%까지 절감됐다"면서 "차근차근 단계를 밟아 전국 시도로 확대하여 카드 한 장으로 전국 교통망을 이용할 수 있게 하겠다"고 밝혔다.

이 같은 정책을 추진하기 위해 문 대통령은 국토교통부 산하에 '대도시권광역교통청'을 신설하겠다고 밝혔다. 이는 교통정책의 전권을 전담해 정책 일원화는 물론 대중교통 정책 집행의 효율성을 높이겠다는 복안에 따라 도입하는 기관이다. 문 대통령은 "신설된 '대도시권광역교통청'으로 광역버스 신설 및 증설, 대중교통 편의성에 집중하겠다"면서 "수도권 광역버스를 대폭 늘려 앉아서 가는 출근길, 쉬면서 오는 퇴근길을 만들겠다"고 밝혔다.

이밖에 문 대통령은 고속도로 요금을 인하하고 무료 구간을 신설하겠다는 공약도 내놨다. 우선 삼척에서 속초까지 가는 동해선 고속도로와 담양에서 해인사까지 가는 광주~대구선 고속도로를 무료로 전환하겠다고 밝혔다. 또한 농어촌 지역주민들의 취약한 교통환경을 개선하겠다는 공약도 함께 나왔다.

어르신들이 편한 나라

문재인 대통령은 어르신들이 더 편하고 살기 좋은 나라를 만들겠다고 주장한다. 그에 따라 문 대통령은 후보 시절인 2017년 4월 18일 전북 전주시 덕진노인복지관에서 '어르신을 위한 9가지 약속'을 주제로 노인 대상 공약을 발표했다. 문 대통령은 가장 먼저 전국 6만 4,400개 노인정·경로당 시설을 개선하겠다고 밝혔다. 독거노인들이 노인정·경로당에서 공동생활을 할 수 있게끔 해 삶의 질을 높인다는 것이다.

국내 독거노인 수는 2015년 기준 137만 9,066명으로 전체 노인인구의 20.8%다. 통계청의 인구추계에 따르면 2025년에는 225만 명, 2035년에는 343만 명까지 늘어날 전망이다. 고령화와 가족구조 변화의 결과다. 이날 문 대통령은 "혼자 사는 어르신들이 취사·세탁을 함께하고 목욕도 함께할 수 있게끔 노인정을 안락한 시설로 바꿔드리겠다"고 말했다. 또 독거세대를 위한 주거대책으로 공공맞춤형주택 5만 세대를 짓겠다는 계획도 발표했다.

참여정부 때 도입한 노인 기초연금을 월 30만 원으로 확대하겠다는 방안도 나왔다. 문 대통령은 "기초연금에도 이런저런 공제가 적용돼 40%의 어르신만이 20만 원을 다 받고 있다"며 "더불어민주당의 2016년 총선 공약처럼 모든 어르신들이 아무런 공제 없이 30만 원씩 기초연금을 받을 수 있게 하겠다"고 말했다.

노인인구의 10%를 차지하는 치매환자를 위해서는 치매국가책임제를 도입하기로 했다. 2016년 국내 치매인구는 70만 명에 이르러 전체 인구의 1.3%까지 늘어났다. 문 대통령은 "가족들이 감당하기 어려운 치매를 국가가 책임지고 치료하겠다"며 "지방자치단체에 치매지원센터를 만들어 검진과 예방을 맡기고, 치매전문병원을 지어 증상이 심한 환자들이 개인의 부담 없이 치료를 받을 수 있게 하겠다"고 말했다.

틀니·임플란트 등 치과진료와 보청기에 대한 건강보험 적용 확대도 약속했다. 문 대통령은 "틀니·임플란트의 본인 부담을 절반으로 줄여 누구나 건강보험으로 치료를 받을 수 있게 하겠다"며 "보청기는 현재 장애등급을 받아야만 보험혜택을 받을 수 있는데, 장애등급 없이도 건강보험 적용이 되도록 바꾸겠다"고 말했다.

현재 독거노인과 저소득층에만 한정적으로 제공되는 방문 건강관리 서비스를 65세 이상으로만 구성된 가구에도 적용해 총 123만 세대로 수혜층을 늘린다. 또 전라남도 산간벽지에서 시행하고 있는 '백원택시'를 전국으로 확대해 농어촌 지역 노인들의 접근성을 높이겠다는 계획도 함께 내놨다. 백원택시는 지자체가 택시회사의 수익을 보전해 벽지에 거주하는 노인들이 100원만 내면 원하는 곳까지 택시를 이용할 수 있게 만든 제도다.

노인 일자리 대책도 나왔다. 문 대통령은 "최고의 복지는 일자리를 드리는 것"이라며 "어르신들의 지혜나 경륜을 활용할 수 있는 역사·문화해설사, 환경지킴이, 아이들을 위한 안전지킴이 등을 포함해 더 많은 공익적 일자리를 발굴하겠다"고 말했다.

안전한 나라가 잘사는 나라

2014년 세월호 사고, 2015년 메르스MERS(중동호흡기증후군) 사태, 2016년 미세먼지 문제…. 박근혜 정부 4년은 유독 국민안전과 관련된 이슈들이 두드러지게 부각된 시기였다. 하지만 많은 국민들의 희생과 불편함에도 불구하고 정책적으로는 그다지 개선되는 모습을 보이지 못했다.

문재인 대통령은 세월호, 메르스 같은 사고가 재발되지 않도록 안전대책을 확실히 할 계획이다. 특히 미세먼지 해결을 위한 화력발전소 및 경유차 관련 대책은 '비용을 좀 더 지불하더라도 환경적 가치와 국민건강을 지키겠다'는 방침을 분명히 해 환경 및 경제적 파급효과가 적지 않을 것으로 보인다. 경제성만을 추구해온 기존 정책노선들에 'No'를 외친 셈이다. 기존에 막혀 있던 화력발전소와 경유차 문제에도 더 전격적인 목소리를 내면서 친환경발전 관계자들에게는 호재가, 화력발전 및 경유차 관련 산업에는 악재가 다가올 것으로 보인다.

전반적인 안전대책은 2017년 2월 9일 광나루안전체험관에서 '안전한 나라가 잘사는 나라'라는 주제로 발표됐다. 원전정책을 전면 재검토하고 소방방재청과 해양경찰청을 독립, 소방공무원 등 현장조직을 늘리겠다는 방책이다. 또 2017년 4월 13일 추가로 내놓은 미세먼지 대책을 통해 "봄철 노후 석탄화력발전기 가동을 전면 중단하고 석탄화력발전소 신규 건설을 즉각 멈추겠다"고 밝혔으며 "미세먼지 대책을 한·중 정상급 의제로 격상하겠다"고 밝혔다.

봄에는 노후 석탄화력발전소 가동 중단

문 대통령은 미세먼지 대책 발표를 하며 "대한민국의 하늘이 흐리면, 아이를 둔 부모의 마음은 타들어간다. 할 수만 있다면 아이 대신 미세먼지를 다 마시고 싶은 심정"이라고 말했다. 2017년 3월 21일부터 20여 일간 6만 건의 정책제안을 받았는데, 미세먼지 대책을 촉구한 유권자가 1만 명을 넘어설 정도였다. 특히 문 대통령이 발표한 노후 화력발전소 전면 중단, 경유차 퇴출 등 정책은 기존 정부 대책보다 한층 더 강력한 것으로 평가된다.

문 대통령은 "미세먼지 배출 원인의 절반은 국내, 절반은 국외에 있다"며 국내에서는 석탄화력발전소와 경유차를 잡고, 해외에서는 중국과의 협의를 장관급이 아닌 국가정상급 의제로 격상시키겠다고 밝혔다. 특히 "봄철 4, 5월 노후한 석탄화력발전기 가동을 전면 중단하고 석탄화력발전소 신규 건설을 즉각 멈추겠다"는 선언은 발전업계에도 적지 않은 여파를 끼칠 것으로 보인다.

문 대통령은 "봄철은 전력 비수기이므로 천연가스 발전을 늘려 전력 수요에 대응할 수 있다"고 밝혔다. 또 "가동한 지 30년이 지난 노후 석탄화력발전기 10기를 조기에 폐쇄하고, 건설 중인 화력발전소 중 공정률이 10% 미만인 9기는 원점에서 재검토, 가동 중인 모든 발전소의 저감장치 설치를 의무화하고 배출허용기준을 강화할 것"이라고 밝혔다. 충남 당진 등의 화력발전소가 대기오염을 일으켜 충청도와 수도권 국민건강에 심각한 악영향을 준다는 것은 주지의 사실이다. 박근혜 정부가 한 차례 저감대책을 발표하기도 했지만 이보다 한층 더 급진적인 방법으로 화력발전소를 축소시키겠다고 선언한 셈이다.

특히 미세먼지 원인으로 지목되는 화력발전소를 대거 축소시키고 기존에 지어졌지만 연료단가가 비싸다는 이유로 여유시설로 가동이 중단된 채 적자를 보고 있는 액화천연가스LNG 발전소를 활용하겠다고 밝히면서 화력발전소들은 발등에 불이 떨어진 셈이 됐다. 반면 LNG 발전소의 성장가능성이 높아졌음은 물론이다. 대신 이 경우 국민들은 어느 정도 전기요금 인상을 각오해야 한다.

전국에 가동 중인 석탄화력발전소는 총 59기이고, 추가로 건설 중인 발전소가 8기, 허가를 받았으나 착공은 하지 않은 발전소가 6기다(2017년 3월 기준). 특히 충남은 현재 건설 중인 발전소가 4기인 데다 당진에 2기가 추가로 허가를 받은 상황이어서 시민단체의 허가취소 요구가 거세다.

환경부는 2017년 4월 실국장급으로 구성된 미세먼지 태스크포스TF 팀을 구성해 상시 상황점검에 나섰지만 실제 취할 수 있는 조치는 3대 미세먼지 발생현장(공장 굴뚝, 공사장, 불법소각) 집중점검 강화밖에 없는 실정이었다. 발전소 인허가는 산업통상자원부 소관이고, 화력발전소 대신 잉여시설로 남아 있는 친환경발전소를 가동하는 안은 전기요금 인상을 수반할 수밖에 없어 국민적 합의가 필요하기 때문이다. 당장 2017년 하반기에는 발전소 인허가 계획을 결정하는 전력발전 수급계획이 결정될 예정이어서 이 시기에 대통령의 정책 의지가 실제로 어느 정도 반영될지 주목된다.

문 대통령은 원자력발전과 관련해서도 기존 정부 정책을 전면 재검토하겠다고 밝혔다. 문 대통령은 "2016년부터 경주를 중심으로 무려 570차례가 넘는 크고 작은 지진이 발생했는데 아주 적은 확률이라 하더라도 만에 하나 후쿠시마 같은 원전사고라도 발생한다면 인류 역사상 경험하지 못한 대재앙이 될 것"이라며 "신규 원전 건설을 전면 중단하고, 설계수명이 만료되는 원전부터 하나씩 줄여나가, 원전 설계수명이 만료되는 40년 후 원전 제로 국가가 될 수 있도록 탈원전 로드맵을 마련하겠다"고 밝혔다.

문 대통령은 원전과 석탄화력발전은 줄이고 신재생에너지 비중을 2030년까지 20% 수준으로 높여갈 계획이다. 다만 친환경 발전은 역대 여러 정부에서 반복적으로 외쳐온 구호여서 실제 친환경발전 비중을 얼마나 높여나갈 수 있을지, 건설 중인 신고리 5·6호기에 대한 입장은 어떻게 할지 등이 집권 후 주요 에너지 과제로 부각될 것으로 보인다. 원전 전면 재검토도 전기요금의 인상 요인이어서 국민을 설득하는 과정이 수반돼야 한다.

경유차 서서히 퇴출하고, 한·중 정상이 미세먼지 논의

석탄화력발전소에 이어 경유차에 대한 규제 수위도 한층 강화할 예정이다. 문 대통령은 "개인용 경유차는 중장기계획을 세워 퇴출시키고, 노선버스 연료를 압축천연가스CNG로 바꿔나가겠다"며 "경유 대형화물차나 건설장비는 미세먼지, 이산화질소 동시 저감장치 설치를 의무화하고 설치비용을 지원할 것"이라고 밝혔다. 노후 경유차의 조기폐차 등 기존 정부 대책 외에 추가로 배출가스 저감장치 조작으로 문제가 된 폭스바겐 같은 일반 경유 승용차들을 시장에서 퇴출시키겠다는 의지를 표현한 셈이다. 미세먼지 문제 해결을 위해 문재인 정부에서는 앞서 노무현 정부 때처럼 유류세 개편 문제가 심도 있게 논의될 전망이다.

앞서 강광규 한국환경정책평가연구원KEI 선임연구원도 2017년 4월 7일 대기환경학회 주최 '고농도 미세먼지 대응을 위한 토론회'에서 "경유차는 유로6 기준을 만족해도 질소산화물이 거의 그대로 나와 미세먼지 문제의 심각한 원인"이라며 "사회적 비용을 고려할 때 수송용 연료가격 개편을 분명히 해야 하고 노후한 트럭, 건설용 차량 등에 대한 관리도 강화해야 한다"고 밝힌 바 있다.

2017년 6월에는 2016년에 착수한 '에너지 세제 개편안' 용역 결과가 나오고 공청회도 개최될 예정이다. 휘발유, 경유 등에 붙는 세금을 결정하는 정부의 공식 논의가 본격화되는 것이다. 지금 같은 분위기에서는 100:85인 휘발유와 경유 간 세금 차이를 조정해 경유 승용차들의 부담이 높아지는 쪽으로 세제개편이 높아질 가능성이 높다. 문 대통령은 또 현재 50%인 공공기관의 친환경차 구입 의무를 70%로 높이고 전기렌터카 보급을 촉진하기 위해 보조금 지급 및 법인세 감면 등 지원을 늘리겠다고 밝혔다. 수도권에서만 시행되는 공장시설의 배출기준과 배출부과금을 충남권까지 확대·강화하고 단속도 강화할 예정이다.

특히 중국에 대해 더 큰 목소리를 내겠다고 밝힌 점도 주목된다. 문 대통령은 "중국에서 날아오는 미세먼지가 우리 국민들에게 불안과 위협이 된 지 오래이지만 현재는 장관급 회담 수준에서 한·중, 동북아 미세먼지 협력을 논의하고 있다"며 "미세먼지 대책을 한·중 정상급 의제로 격상할 것"이라고 밝혔다. 미세먼지 환경기준을 WHO 권고 수준, 주요 선진국 수준으로 강화하고 산업단지, 화력발전소, 공항·항만 등 미세먼지 집중 배출지역은 대기오염특별대책지역으로 설정해 엄격하게 관리하는 방안, 유치원 및 각급 학교의 공기 질 향상을 위한 비상조치 등도 동시에 추진된다.

소방공무원 확 늘리고 질병대응도 꼼꼼히

문 대통령은 "국가가 존재하는 가장 큰 이유는 국민의 생명과 안전을 지키기 위해서인데 이명박·박근혜 정부 9년 동안 그런 국민의 믿음이 배신당했다"며 "세월호 참사, 가습기살균제 피해 등 죄 없이 피해를 당한 억울한 국민들이 있는데 아무도 책임지는 사람이 없는 상황"이라고 강조했다. 이어 "안전에 대한 국가의 무능과 무책임, 이제 끝내야 한다"며 "안전이 국민의 기본권 중에 기본권임을 천명하고 앞으로 개헌이 되면 헌법에 이를 명시할 것"이라고 밝혔다.

특히 문 대통령은 국민의 생명과 안전을 확보하기 위한 예방 체계와 강력한 재난대응 시스템을 구축하고 안전은 대통령이 직접 챙긴다는 방침을 분명히 했다. 대통령과 청와대가 국가재난의 컨트롤타워로 확실하게 역할을 해야 한다는 것이다. 그리고 구체적으로 유명무실해진 청와대 위기관리센터를 복원하고 지난 이명박·박근혜 정부가 사장시켜버린 국가위기관리 매뉴얼을 다시 복구하고 보완할 계획이다.

그리고 소방방재청과 해양경찰청을 독립시켜 각각 육상과 해상의 재난을 책임지도록 하고 재난대응의 지휘·보고 체계를 단일화해 신속한 대응구조를 만든다. 불필요한 행정 체계를 없애고 모든 역량을 현장에 맞게 운영한다는 방침이다. 관료조직을 줄이고 현장조직을 늘리기 위해 현재 인력기준에 비해 많이 부족한 소방공무원을 법정 정원 이상으로 확충하겠다는 공약도 밝혔다.

또한 문 대통령은 "메르스 사태는 우리나라의 방역 체계가 얼

문재인 대통령이 2017년 2월 9일 서울 광진구 서울시민안전체험관에서 '안전한 나라가 잘사는 나라'를 주제로 열린 대한민국 바로 세우기 제6차 포럼에서 서교동 화재 초인종 의인 고 안치범 씨의 유품인 신발을 살펴보고 있다. 왼쪽부터 문 대통령, 고 안치범 씨의 아버지 안광명, 어머니 정혜경 씨.

마나 허술한지를 보여줬고 공공의료 체계 강화가 매우 시급하다는 교훈을 남겼다"며 "질병관리본부의 전문성과 독립성을 보장하는 한편, 권역별 질병대응 체계를 갖추고 분권화해 지역거점 공공병원의 역할을 높이고, 전국적으로 감염병 전문병원을 확충할 것"이라고 말했다. 석면, 방사능, 미세먼지 농도 등에 대한 정보를 투명하게 공개하고, 안전에 대한 국민의 알 권리를 보장하는 것도 중요 정책으로 추진된다. 특히 안전과 관련된 위험직군은 반드시 직접고용 정규직이 담당하도록 의무화할 방침이다.

국가적 재난사건에 대해서는 독립조사위원회를 설치하고 조사결과를 국회에 보고토록 해 문제점을 개선해나가도록 할 계획이다. 세월호의 침몰과 인양에 대한 의혹, 사건의 진상을 은폐하려 했다는 의혹에 대한 조사, 가습기살균제의 책임소재를 밝히는 일에 축소와 은폐가 개입되었다면 공정한 수사를 통해 법의 심판을 받도록 하겠다고 밝혔다. 피해자와 가족의 응어리진 가슴 속 상처를 치유하기 위해 국가 재난 트라우마 센터도 건립할 계획이다. 가습기살균제 사고와 같은 일이 재발하지 않도록 하기 위해 강력한 징벌적 손해배상제와 집단소송제 도입도 추진한다.

문재인의 말말말

— "세월호 참사의 진실을 밝혀야 한다. 진실을 교훈 삼아야 안전한 대한민국으로 갈 수 있다."

- 촛불혁명 완성을 위한 문재인 입장, 2016. 12. 11.

— "고리·월성 지역은 지진가능성이 매우 높은 지대다. 직접피해 지역 30킬로미터 내에 부산·울산·양산시민 340만여 명이 산다. 고리원전에 사고가 나면 세계 역사상 최대 최악의 가장 참혹한 재난이 될 것이다."

- 영화 〈판도라〉 박정우 감독과의 대화, 2016. 12. 18.

— "월성·고리원전의 안전 확보는 곧 국민의 생명을 지키는 일이다. 고리원전 5·6호기 건설을 백지화하고, 노후 원전의 수명연장을 금지하겠다. 신규 원전 건설은 전면 중단하겠다."

- 부산 선대위 출범식 및 부산 비전 선포식, 2017. 4. 11.

— "세계적인 의료도시로 나아가는 발판을 마련하겠다."

- 울산 지역공약, 2017. 4. 11.

— "새 정부는 국민의 생명보호와 안전을 최우선으로 하겠다. 모든 국민이 안전하게 살 수 있는 나라를 만들 것을 국민들 앞에 약속한다."

- 세월호 3주기 추모
'생명 존중 안전사회를 위한 대선후보 국민생명안전 약속식', 2017. 4. 13.

— "안전 때문에 눈물짓는 국민이 단 한 명도 없게 만들겠다. 세월호 참사, 가습기살균제 피해 진상규명을 새 정부가 풀겠다."

- 세월호 3주기 추모
'생명 존중 안전사회를 위한 대선후보 국민생명안전 약속식', 2017. 4. 13.

— "저는 2월 7일 충남 당진에 가서 화력발전소를 다녀왔습니다. 수도권 미세먼지의 약 3분의 1이 당진 화력발전소에서 나온다는 통계도 있습니다. 안희정 충남지사와 협력해 신규 화력발전소 건설은 중단하고, 설계수명이 다한 낡은 발전소는 가동을 중단시키겠습니다. 재생에너지산업을 육성하여 국민건강은 물론 미래 먹거리와 일자리도 만들겠습니다."

- 충청지역 순회경선 하루 전 밝힌 공식 블로그·페이스북 메시지, 2017. 3. 28.

— "이미 많은 나라가 경유차 퇴출을 추진하고 있습니다. 개인용 경유 승용차는 중장기계획을 세워서 퇴출시키고, 노선버스 연료를 압축천연가스$_{CNG}$로 바꿔내겠습니다. 대형 경유 화물차나 건설장비는 미세먼지, 이산화질소 동시 저감장치 설치를 의무화하고 설치비용을 지원하겠습니다."

- 미세먼지 대책 발표문, 2017. 4. 13.

— "대통령 직속으로 미세먼지대책 특별기구를 신설하겠습니다. 분산되어 있는 관련 부처들 간의 협력, 정부부처와 지방자치단체 간의 협력을 강화하겠습니다."

- 미세먼지 대책 발표문, 2017. 4. 13.

벌거벗은 영웅, 소방관

문 대통령은 2016년 10월 태풍 차바 때 순직한 고 강기봉 소방관의 빈소를 다녀온 후 안전현장의 최일선에 있는 소방관들의 처우를 대대적으로 개선하겠다고 다짐했다. 29살 청년은 부상자를 돌봐야 할 구급대원이었지만 인력부족을 이유로 구조현장에 투입됐다가 불어난 물에 안타깝게 목숨을 잃었다.

대구 서문시장 구조현장에서 컵라면으로 식사를 해결하는 소방관들의 모습이 회자된 것처럼 국민안전을 책임지기 위해 현장에서 일하는 공무원들의 열악한 현실과 구조적 모순이 단적으로 드러난 사고인 셈이다.

문 대통령은 "현재 소방관 인원은 4만 4,000명으로 인력 기준에 비해 무려 1만 9,000명이 부족하다. 소방 인력의 부족을 방치한 정부가 그(2016년 인명구조 중 숨진 고 강기봉 소방관)를 죽음으로 몰아넣은 셈"이라며 대대적인 제도개선을 이뤄내겠다고 밝혔다. 우선 소방관의 법정인원을 충원할 계획이다. 법정인원만 채워도 국민과 소방관의 안전이 함께 높아지고 동시에 청년일자리 1만 9,000개가 늘어나는 효과가 생긴다.

구조활동에 필수적인 방화복, 공기호흡기, 구조구난차 등의 기능이 완전하지 않고 수량이 부족한 점도 문제다. 소방관들이 방화장갑조차 자비로 구입하는 실정이어서 소방관은 대한민국에서 가장 존경받는 직업이지만 처우는 가장 열악해, 오죽하면 '벌거벗은 영웅'이라고 한다는 것이다. 이는 한국 소방관이 지방공무원으로 돼 있어 지자체 형편에 따라 소방관 인원 수, 처우,

장비의 상황이 다른 구조 때문이다.

문 대통령은 이를 해결하기 위해 "소방공무원을 국가공무원으로 전환하겠다"며 "소방관은 장비 걱정 없이 구조 및 구급업무에 집중할 수 있어야 하고 국민은 어디에 살든 똑같이 보호받아야 한다"고 밝혔다. 소방관을 위한 의료제도도 확대한다. 문 대통령은 부상 치료, 순직 기준상의 불합리를 없애고 순직에는 정당한 보상과 예우를 제공하겠다고 밝혔다.

04

문재인노믹스
"레디, 액션!"

문재인 시대를 이끌어갈
경제 브레인은 누구

문재인 대통령은 19대 대선에 출마했던 후보들 중 가장 넓고 깊은 인재풀을 갖고 있었다. 김대중·노무현으로 이어지는 민주 정부 10년의 인사들을 아울렀고, 박근혜 정부 탄생의 주역이었던 김광두 서강대 석좌교수 등 보수 진영의 인사에게도 과감히 손을 내밀었다. 60년 전통의 야당으로 2016년 20대 총선 원내 제1당이라는 기염을 토한 더불어민주당의 인사들은 물론 학계 전문가들의 인맥도 풍부했다. "문 대통령이 대선에 출마하자 돕겠다고 나선 학계 인사들이 1,000여 명에 이른다"는 얘기가 나왔을 정도다.

문재인 캠프 인사

전윤철 공동선거대책위원장

전윤철 전 경제부총리는 고故 강봉균 재정경제부 장관, 진념 전 경제부총리와 함께 호남이 배출한 걸출한 경제관료 3 인방에 꼽힌다. 1939년 전남 목포 출생으로 서울고, 서울대 법대를 졸업해 행시 4회로 입직했다. 43년간 공직생활을 하면서 공정거래위원장, 기획예산처 장

전윤철

관, 경제부총리 등을 지냈고 감사원장, 대통령 비서실장도 거치며 경제는 물론 정치·사회 분야도 아우르는 식견을 지녔다.

전 전 부총리는 원칙을 중시하고 직언과 쓴소리를 서슴지 않아 '전핏대'라는 별명이 붙었다. 국민의 정부에서 기획예산처 장관으로 재직할 당시 여당인 민주당을 향해 '낙하산 인사하지 말라'고 비판한 일화는 그의 꼬장꼬장하고 거침없는 성격을 그대로 드러낸다. 전 전 부총리를 곁에 뒀던 김대중 대통령은 "전윤철은 독한 사람"이라고 평가하면서도 "더 가까이에서 일하라"며 대통령 비서실장으로 임명했다. 할 말은 하면서도 부하직원들에게는 따뜻함을 잃지 않아 애로사항을 직접 챙겼다는 게 주변의 평가다.

〈매일경제〉와 인터뷰에서 전 전 부총리는 문 대통령과의 인연, 문재인 캠프 공동선거대책위원장을 맡은 계기 등을 밝혔다. 그리고 '경제민주화'란 개념을 ① 의사결정의 민주화 ② 대내외 감시 체계 확립 ③ 소수주주권 보호 ④ 회계제도 선진화 등 네 가지 원칙으로 요약했다. 그는 "지금까지 정치권에서 제기된 경제민주화는 실체가 없고 포퓰리즘에서 나온 것"이라며 "공정거래법이 기본인데 이런 법들을 안 지키니까 문제가 생긴다"고 말했다. 이어 "사외이사가 제대로 역할을 하고 소수주주권 보호장치를 강화하며 재벌의 부당한 계열사 지원이나 경영 로비를 못하도록 하는 게 재벌개혁의 기본 프레임"이라고 정의했다. 그러면서 "재벌개혁을 하더라도 경제민주화 원칙에 따라 시스템에 의해 예측 가능하게 해야 한다"며 "재벌 분할을 (극단적으로) 말해서는 안 되고, 중소기업 동반성장을 논하면서 조건 없는 사랑을 쏟다가는 중소기업을 오히려 죽일 수 있다"고 말했다(〈매일경제〉 인터뷰, 2017. 3. 1.).

인터뷰 내용을 요약해 소개하면 아래와 같다. 인터뷰 당시는 문 대통령이 대선 후보로 확정되기 전이었기 때문에 문 대통령의 호칭은 '전 더불어민주당 대표'로 통일했다.

● **국민의당 공천위원장을 지냈는데 문재인 캠프를 선택한 이유는.**

» 2016년 안철수 전 국민의당 대표가 먼저 얘기해 와서 당시

공천심사위원장을 맡았지만 당적을 가진 적은 없다. 단순히 국민의당 사람을 공천 심사했다는 측면보다는 누구를 대한민국 국회의원으로 뽑을지 고민한 것이다. 그 뒤로는 떠났다. 이후 문 전 대표 측에서 간곡히 부탁했다.

● **고 노무현 전 대통령과 문 전 대표와의 인연은.**

» 기획예산처 장관을 할 때인 2000년 당시 해양수산부 장관이던 고 노무현 전 대통령과 국무회의에서 8개월간 옆자리에 앉은 짝꿍이었다. 서로 툭 치면서 "소주나 한잔 할까" 하는 사이였다. 경제부처 장관 출신으로서 참여정부에서는 감사원장을 맡았는데, 청와대에서 일하던 문 전 대표와 좋은 일, 나쁜 일이 있을 때마다 많이 상의했다. 문 전 대표는 정부 일에 개입하지 않았다. 그래서 감사원 인사도 소신껏 할 수 있었다.

● **문재인 '대북관'이 공격받았다.**

» 문 전 대표가 북한에 먼저 간다고 말했다기에 직접 물어봤다. 그랬더니 문 전 대표는 "동북아시아에서 제일 큰 리스크는 북핵이고, 북한을 동경해서 가는 게 아니라 북핵 해결이 가능하다면 미국과 협의해 북한에 가서 얘기하겠다"고 말한 것이라더라. 그 말을 듣고 나 또한 "그런 상황에서 나 같

으면 지옥에라도 간다고 했을 것"이라고 답했다.

● **문 전 대표의 '좌클릭' 논란은.**

» 외환위기 이후 승자가 독식하는 천민자본주의가 난무하다 보니 참여정부 들어서 분배 문제와 지방분산 등을 강조할 수밖에 없었다. 이런 점을 두고 참여정부뿐만 아니라 청와대에서 근무한 문 전 대표에 대해 좌클릭이라고 평가하는 것은 곤란하다. 유신 반대운동을 했고 특전사를 나온 문 전 대표의 살아온 과정을 보면 좌클릭된 정치인이 아니다.

● **사드 배치 갈등이 여전하다.**

» 복잡한 동북아 관계 등을 감안한다면 사드 문제를 그렇게 쉽게 처리해서 되겠는가. 북핵에 맞서 우리가 대응할 만한 무기 체계가 마땅치 않다면 우리는 그것을 존중해야 한다. 효과 문제도 따져봐야 하고 그것을 레버리지(지렛대)로 삼는 등 여러 가지 협상해야 할 사항도 있다.

● **개헌에 대해선 어떻게 생각하나.**

» 최순실 게이트로 대통령마저 탄핵될 위기에 처하니 정치인들이 집권 야욕을 위한 수단으로 헌법 개정안을 들고 나온 것으로 본다. 지금의 제왕적 대통령이 민주화 시대정신을

담아 1987년 개정된 헌법 때문에 나온 것은 아니다. 헌법에
는 제왕적 대통령제를 용인하는 어떠한 조항도 없다. 권위
주의적인 시대 풍토에 따라 헌법과 법률을 제왕적으로 운
영하는 등의 청와대 관행 때문이었다. 대통령이 임명해야
하는 자리가 3,000개라고 하는데, 법과 절차에 따르지 않고
낙하산 인사한 것 아니냐. 5년 단임제가 다소 아쉬운 면도
일부 있다.

● **촛불집회 이후 다음 정부 과제는.**

» 나 스스로도 서울대 법대에서 시위하다가 제적당할 뻔했
다. 촛불집회를 보면 이번 집회에서 표출된 분노는 깜냥이
안 되는 비선실세에 의한 국정 시스템 농단에 대한 것도 있
지만 영혼 없는 공직자들에 대한 분노가 겹친 것이다. 다음
정부에서는 공정하게 시스템을 복원하고 법과 원칙을 어떻
게 중시할 것인가를 고민해야 한다. 그리고 대통령이 본분
을 지키되 국가가 어려우면 국민 앞에서 당당하게 얘기할
수 있어야 한다. 이것이 역사 앞에 떳떳한 리더십이다.

이용섭 비상경제대책단장

이용섭 전 의원은 문재인 캠프에서 비상경제대책단장을 맡아 문 대통령의 정책 공약 생산을 지휘했다. 호남을 연고로 한 경제관료 출신 정치인으로 자타가 공인하는 세제 전문가다. 행시 14회로 국세청에 입직한 뒤 김대중·노무현 정권 10년 동안 세제행정 분야의 4대 핵심 요직

이용섭

인 재정경제부 세제실장과 관세청장, 국세청장, 국세심판원장을 모두 지냈다. 이후 폭을 넓혀 행정자치부 장관과 건설교통부 장관에 기용됐고, 정계에 진출해서는 광주 광산을에서 18·19대 국회의원으로 당선됐다.

이 전 의원은 문 대통령이 후보 시절인 2017년 4월 18일 〈매일경제〉 이코노미스트클럽 강연 강연자로 나서 "한국 경제가 안고 있는 문제는 일자리 부족 때문에 발생한다"며 "사람 중심의 자본주의 4.0으로 전환해야 한다"고 주장했다.

근로시간 단축에 대해서는 "일자리는 늘어나지만 소득이 줄어 반대하기도 한다"며 "(근로시간 단축으로) 어려움을 겪게 되는 중소기업 현장에 대해서는 정부가 보완책을 제시하겠다"고 밝혔다. 이어 "취업유발계수를 보면 제조업은 8.8명, 서비스업은 16.7명"이라며 "최근 10년간 고용창출 효과를 냉정하게 본다면

서비스업, 중소기업 성장 중심으로 (고용정책을) 바꿔야 한다"고 말했다.

또 "문재인노믹스의 경제민주화 출발점은 재벌개혁이지만 재벌을 없애자는 게 전혀 아니다"라며 "문재인 후보의 경제민주화는 궁극적으로 대중소기업, 수도권과 지방, 부자와 서민이 상생하고 동반성장하는 경제생태계를 조성하는 것"이라고 강조했다. "대기업에 투자해서 낙수효과를 기대하는 것은 실패한 경제논리"라며 "중산층과 서민이 일자리를 구해 소득을 높이면 경제활성화로 이어지는 분수경제로 가야 한다"고 정책 방향을 제시하기도 했다.

이 전 의원은 "이번 정부가 맞이할 시대정신은 '더불어 잘사는 나라'"라고 말했다. 그리고 "국민들은 공정한 대한민국, 정의로운 나라를 원한다"며 "돈과 권력이 있어도 안 되는 일이 많은 사회여야 하고, 차별받지 않아야 공정하고 정의로운 나라"라고 했다. 문재인 대통령의 경제정책을 '사람중심 경제를 통한 공동체 전체의 포용적 성장'으로 요약하며 "그동안 누적됐던 불평등, 불공정, 불균형 문제를 해소해달라는 시대정신이 이에 반영돼 있다"고 설명했다.

김진표 일자리대책 공동단장

김진표

김진표 더불어민주당 의원은 정통 경제관료 출신 정치인으로 수원무에서 17대부터 내리 4선에 성공했다. 행시 13회로 입직해 참여정부 시절 경제부총리와 교육부총리에 연이어 기용됐고, 앞서 국민의 정부에서는 재정경제부 차관, 국무조정실장 등 요직을 두루 거쳤다. 정계에 진출해서는 민주당 원내대표와 최고위원을 지내는 등 정치인으로서도 입지를 탄탄히 구축했다. 지칠 줄 모르는 체력과 푸근한 인상을 바탕으로 지역구 관리에 탁월하다고 정평이 나 있다.

문 대통령과의 접점을 찾는 데는 고 노무현 전 대통령이 빠질 수 없다. 노 전 대통령은 국민의 정부 시절인 2001년 해양수산부 장관에 기용됐다. 이 때 차관감을 물색하는 과정에서 부처 공무원들의 다면평가를 실시했는데, 김 의원이 1위를 차지했다고 한다. 해수부 차관에 임명되진 않았지만 이렇게 시작된 인연은 참여정부로 이어져 부총리직을 역임하는 데 밑거름이 됐다.

김 의원은 대선을 치르면서 문 대통령의 일자리 정책을 담당했다. 2017년 4월 6일 대한상공회의소, 무역협회, 한국경영자총협회, 중소기업중앙회 등 경제 4단체 초청간담회에 문재인 캠프 대표로 나서 "좋은 일자리는 경제성장을 통해 나타날 수밖에 없다"며 "우리가 뒤처졌다고 평가받는 인공지능, IoT, 자율주행차, 빅데이터 분야를 새로운 성장동력으로 육성해야 한다"고 밝혔다. 그는 "해법은 좋은 일자리고, 좋은 일자리는 성장을 통해 만들 수밖에 없다"며 "여러 가지 정책을 운용하는 데 있어 좋은 일자리 만들기를 최우선으로 하겠다"고 했다.

또 "우리나라 100대 부자 중 80%가 상속자"라며 "금융혁신과 인수·합병M&A 시장 활성화 등을 통해 벤처생태계를 만들어나가는 데 경제정책의 초점을 맞추겠다"고 말했다. 더불어 "이런 일을 민간이 하기만 기대하면서 정부 역할을 소홀히 할 수는 없다"며 "국방과 복지, 보육 등 공공 분야의 직접고용 일자리를 최소한 17만 4,000개 늘릴 계획"이라고 밝혔다.

김광두 새로운 대한민국위원회 위원장

김광두

김광두 전 국가미래연구원장은 대표적 우파 경제학자로서, 파면당한 박근혜 전 대통령의 '경제 가정교사'로 불렸던 인물이다. 국가미래연구원 자체가 2012년 18대 대선 당시 박 전 대통령의 '싱크탱크' 역할을 했던 곳이다. 박 전 대통령의 대선 공약이었던 '줄푸세(세금은 줄이고 규제는 풀고 법질서는 세운다)'를 입안한 주인공이자, 시장과 성장을 강조하는 '서강학파'의 좌장이 바로 김 전 원장이다.

그러나 박 전 대통령과의 관계가 매끄럽지만은 않았다. 박근혜 정부는 '증세 없는 복지'를 주장했지만, 김 전 원장은 2013년 3월 한 라디오 방송에 출연해 '지하경제 양성화 등으로도 세원 확보가 여의치 않을 경우 복지를 하려면 증세를 할 수밖에 없다'는 취지의 발언을 했다.

문 대통령은 19대 대선을 앞두고 김 전 원장을 전격 영입함으로써 진보·보수 양쪽 진영에 충격파를 던졌다. 당시 문 대통령은 "새로운 대한민국의 비전은 개혁적 보수와 합리적 진보가 뜻을 모아 만들어야 한다"며 "진영에 갇힌 대통령은 성공한 대통령이 될 수 없다. 보수와 진보의 차이를 넘어 원칙 있는 국민통합을 이루겠다"고 그를 영입한 이유를 밝혔다.

김 전 원장은 "문재인노믹스는 '휴먼프로그레스 경제Economy of Humanprogress'로 정의할 수 있다"고 밝혔다. 그는 "역대 정부는 기업 중심으로 경제 살리기에 나섰지만 문 후보는 건강·교육·보육·헬스케어·문화예술 인프라 등 휴먼캐피털에 투자해 모든 국민이 골고루 혜택을 보게 하고 경제적으로 생산성을 끌어올릴 것"이라며 "사람을 더욱더 능력 있게, 건강하게 하고 여성의 경우 보육 걱정 없이 일하게 해주는 것"이라고 설명했다(〈매일경제〉 인터뷰, 2017. 4. 6.).

재벌정책 방향에 대해서는 "독과점 지위를 통해 별다른 노력

없이 이익을 얻는 지대추구Rent-seeking를 못 하게 해야 한다"고 했다. 4차 산업혁명과 관련해서는 "창업정신과 기업가정신을 되살려야 한다"며 "이 분야에서는 규제하지 말고 마음대로 하라고 내버려둬야 한다"는 의견을 밝혔다.

김상곤 공동선대위원장

김상곤 전 경기도교육감은 진보 진영 교육계에서 '혁신의 대부', '혁신의 아이콘', '무상급식'으로 통한다. 그는 2009년 민선 1기 경기도교육감에 당선됐고, 2011년 지방선거에서 야당의 핵심 공약으로 '보편적 복지'가 자리매김하는 데 큰 역할을 했다. 이에 김상곤표 '무상급

김상곤

식'은 보편적 복지정책의 상징으로 그 여론과 유사한 정책이 전국적으로 확산됐다. 김 전 교육감은 재임 시절 공교육 혁신의 기치 아래 혁신학교와 학생인권조례 제정 등의 교육정책을 펴 주목받았다.

김 전 교육감은 교육계 내에서 머무르지 않고 정계로 본격적으로 행보를 넓히기 시작한다. 그는 2014년 3월에 경기도지사 출마를 선언하고 교육감직에서 물러났다. 하지만 당내 경선에서 패했다. 그러나 2015년에 더불어민주당의 혁신위원장으로

돌아와 2016년 20대 총선에서 더불어민주당이 제1당이 되는 데 기여했다.

김 전 교육감은 서울대 경영학과를 졸업했다. 1987년 '민주화를 위한 전국교수협의회(민교협)' 창립을 주도했고 노동조합기업경영연구소장, 한국산업노동학회장, 전국교수노조위원장 등을 지냈다. 민교협 출신 강남훈·김윤자 한신대 교수 등이 김 전 교육감의 측근으로 꼽힌다.

19대 대선 과정에서 안철수 국민의당 후보가 "단설 유치원 신설을 제한하자"는 취지의 발언을 해 논란을 일으키자 김 전 교육감은 문재인 캠프 공동선대위원장으로서 자신의 페이스북에 "전국의 유치원 8,987곳 가운데 단설 유치원은 308곳뿐"이라며 "모든 시군구에 학부모들이 선호하는 단설 유치원을 확대해야 한다"고 밝히기도 했다.

윤호중 정책본부장·홍영표 일자리대책 공동단장

문재인 캠프에서 정책본부장을 지낸 윤호중 더불어민주당 의원은 1988년 평화민주당 기획조정실 간사로 정계에 입문한 '직업정치인'이다. 이후 국민의 정부 대통령비서실 국장을 역임하는 등 청와대 경험을 쌓았고 국회로 돌아와 원내정책부대표, 대변인, 전략기획위원장, 민주정책연구원 부원장, 수석사무부총장 등을 거쳐 당3역 가운데 하나인 사무총장을 역임했다.

윤 의원은 원만하고 합리적이란 평가를 받는다. 서울대 재학 시절 학생운동, 오랜 정당활동 경력으로 야당 내 다양한 인맥을 두루 갖춘 것으로 알려져 있다. 실제 윤 의원은 2010년 지방선거에서 당의 협상대표로 나서 야5당 연대를 성사시켰고, 2012년 대선에서도 문 대통령과 안철수 후보의 후보 단일화 협상에 참여했다. 2016년 8월

윤호중

29일부터는 더불어민주당의 정책위의장을 맡았다. 정책위의장 역시 당3역 중 하나로 정책 관련한 당의 입장을 정하고, 다른 원내정당 카운터파트와의 협상 및 조율에서 전면에 나서는 자리다. 춘천고와 서울대 철학과를 졸업했으며, 경기도 구리시에서 17·19·20대 총선에서 당선된 3선 의원이다.

문재인 캠프에서 일자리대책 공동단장을 맡았던 홍영표 더불어민주당 의원은 국회 환경노동위원회 위원장이다. 홍 의원은 대학 재학 시절인 1980년대 노동운동에 투신해 1996년에야 학업을 마쳤다. 노동 현안에 대해 진보적 성향을 갖고 있다. 1982년 대우자동차에 용접공으로 입사해 노동자 대표로서 파업을 주도했고, 한국노동운동연

홍영표

구소와 참여연대 등 시민단체에도 몸을 담았다. 이후 참여정부 시절 이해찬 총리 아래에서 총리비서관에 기용됐다. 이 총리가 자리에서 물러난 뒤에는 한·미 자유무역협정FTA 지원단장으로 임명돼 참여정부 내 활동을 이어갔다. 2009년 재보궐선거 인천광역시 부평을에 민주당 후보로 출마해 여의도에 진출했고, 이후 내리 3선을 했다.

홍 의원은 2015년 "조부의 친일 행적을 사죄드립니다"라는 글을 올려 주목을 받은 바 있다. 그는 "사법적 연좌제는 없어졌다 해도 일제 식민지배에 대한 국민들 가슴속 상처는 아물지 않았다"며 "기회가 닿을 때마다 사실을 밝히며 사죄하고 반성하는 것이 자손인 저의 운명이라 받아들이고 있다"고 밝혔다. 1957년 전라북도 고창군 출신으로 전북 익산 이리고, 동국대 철학과를 졸업했다.

조언그룹

조윤제 정책공간 국민성장 소장

조윤제 서강대 국제대학원 교수는 정통 주류·중도 경제학자다. 경기고와 서울대 경제학과를 졸업하고 미국 스탠퍼드대에서 경제학으로 석·박사학위를 받았다. IMF·세계은행 이코노미스트, 한국조세연구원 부원장, 재정경제
원 장관 자문관, 대통령 경제보좌관, 주
영국대사 등을 거치며 경제와 외교를 넘
나들었다. 19대 대선에서는 문 대통령의
싱크탱크인 '정책공간 국민성장'의 소장
을 맡아 경제정책 등의 생산을 진두지휘
한 인물이다.

조윤제

　조 교수와 문 대통령과의 인연은 참여정부에서 시작한다.
2003년 고 노무현 전 대통령이 그를 경제보좌관으로 발탁하면
서 문 대통령과 인연을 맺게 된다. 조 교수는 문재인 캠프에 합
류한 배경에 대해 "문 대통령의 간곡한 요청이 있었고, 2012년
대선 때 고사했던 만큼 이번에는 그를 도와 정권교체를 이루는
것이 도리라고 생각했다"고 밝혔다. 아울러 "참여정부에서 같이
일하며 지켜본 문 대통령은 강직하면서도 합리적이고, 그 누구
보다 도덕과 정의에 대한 신념을 갖고 있다"고 평했다.

　조 교수는 문 대통령의 경제정책 방향에 대한 큰 그림을 보인
바 있다(〈매일경제〉 인터뷰, 2017. 2. 20.). 그중 재벌개혁에 대해서는 "피
해갈 수 없는 시대적 과제"라며 "경제성장 과정에선 이들이 큰
역할을 했지만 1990년대 이후 심각한 경제력 집중과 기득권을
보호하기 위한 유착·담합, 정치권에 대한 포획 같은 심각한 문
제점을 낳았다. 그간 피땀 흘려 이룬 산업화와 민주화가 '금권

정치'로 전락하고 있다. 재벌의 경제적·정치적·사회적 영향력을 줄이고, 불공정행위를 감시하는 법·제도 마련이 반드시 필요하다"고 했다.

다만 "재벌의 지배구조가 하루아침에 변하기를 기대할 수는 없다"며 "계열사 분화와 전문경영인 체제 도입, 지주회사 전환을 제도적으로 유도하고 총수일가의 세습경영이 아니라 인재들이 대기업의 실질적 최고경영자로 부상할 수 있는 길을 터줘야 한다"고 했다. 조 교수는 "누구든 열심히 노력하면 GE의 잭 웰치 같은 경영인이 될 수 있도록 하자는 것"이라며 "다만 개혁 과정에서 총수일가의 공적은 인정하고 이들의 명예를 지켜줘야 한다"고 의견을 밝혔다.

만성적 저성장을 극복하기 위한 견해도 보였다. 조 교수는 구조개혁을 강조하며 "경제력 집중과 소득격차 완화, 담합과 유착구조의 해소를 통해 경제의 역동성을 회복하고, 소비, 투자, 성장의 선순환을 이뤄가야 한다"고 말했다. 이어 "소득격차 해소를 위해선 정규직·비정규직, 대중소기업 간 임금격차를 줄이기 위한 구조적 대책과 함께 고소득층에 대한 과세 강화와 저소득층에 대한 지원을 늘리는 소득 재분배를 동시에 시행해야 한다"며 "재벌에 포획된 국가·사회 전반의 지배구조와 관료 시스템도 바뀌어야 한다"고 주장했다.

그는 "더 멀리 보면 한국이 성장률 회복을 위해 할 일은 생산성 혁신과 사회의 신뢰 제고, 새 시대에 맞는 인재 양성"이라며 "인구는 줄고 투자는 정체되는 상황에서 생산성 제고 없이는 선진경제로 진입할 수 없다"고 진단했다. 이를 극복하기 위해 "시장구조 개혁과 새로운 보상 체계 구축을 포함한 전반적 제도 혁신을 통해 기업과 개인이 경쟁하고 협력하는 방식을 바꿔야 한다"며 "생산성 향상을 위한 이 같은 노력은 공공부문에서부터 시작돼야 한다"고 했다. 마지막으로는 "교육을 개혁해 한국을 이끌 새로운 인재를 양성해야 한다"고 덧붙였다.

김상조 한성대 경제학과 교수

김상조 한성대 경제학과 교수는 활발한 시민단체 활동으로 유명한 인사로 재벌 견제 분야에서 명성이 높다. 김 교수는 서울대에서 경제학을 전공하고, 경제개혁연대 소장을 맡았다. 대표적인 '합리적 재벌개혁론자'로 '최순실 국정농단 청문회'와 이에 대한 특별검사(특검) 수사에

김상조

참고인으로 출석해 재벌 체제의 모순에 대해 증언했다.

문재인 캠프에서 경제정책을 담당한 그는 2017년 4월 14일 더불어민주당 당사에서 열린 기자회견에서 문 대통령의 기본적인 경제기조는 '케인스주의'라고 했다. 김 교수는 당시 "문 후보

의 경제정책 철학은 정부가 모든 문제를 해결하는 것이 아니라 시장이 실패할 경우 정부가 비로소 개입하는 것"이라고 말했다. 그는 삼성그룹의 지배구조 개편과 관련해 중간 금융지주회사를 지지하는 등 재계의 논리를 이해하는 태도도 보여 '사고가 열려 있는' 지식인이란 평을 듣는다.

김수현 세종대 부동산학과 교수

김수현

김수현 세종대 부동산학과 교수는 참여정부 시절 대통령비서실 사회정책비서관, 환경부 차관을 역임한 부동산·경제 분야 전문가다. 서울대 재학 시절 도시공학을 전공했고, 도시연구소를 거쳐 청와대 등에서 일하면서 이론과 실무를 겸비한 현실참여형 학자로 평가된다. 서울시 산하 서울연구원에서 원장을 맡으며 박원순 서울시장의 정책 분야를 총괄하다가 2017년 2월 17일 서울연구원장직을 사임하고 문재인 캠프에 정책특보로 합류했다.

김 교수는 문 대통령의 후보 시절 공약인 '도시재생 뉴딜사업'의 입안자다. 이 당시 공약 발표에서 "서울에만 600여 곳에 달하는 뉴타운·재개발구역이 있었는데 그중 절반이 해제됐다"며 "이 중 노후·쇠락해가는 지역, 예를 들면 서울 서대문구 남가좌동,

은평구 일대부터 도시재생사업을 할 수 있다"고 밝힌 바 있다. 이에 이곳의 개발이 정부 초기부터 진행될 가능성이 높다.

김유찬 홍익대 세무대학원 교수

김유찬

김유찬 홍익대 세무대학원 교수는 대구 출신으로 서울대 원예학과를 졸업한 후 독일 프라이부르크대 경제학 학사, 함부르크대 경제학 석·박사학위를 취득했다. 한국조세재정연구원에서 일하면서 국제조세, 부가가치세, 법인세 등 세무 분야에 전문성을 쌓았다. 이후 회계법인인 KPMG와 중부지방국세청에서 납세지원국장 등으로 근무하면서 실무 현장과 행정 경험도 보유했다.

김 교수는 이론에도 통달했으면서 실제 조세정책이 현장에 어떻게 집행되고, 경제주체들이 그 틀에서 어떻게 움직이는지를 잘 알고 있다. 한마디로 '이론과 실무'에서 양수겸장인 조세 전문가라고 할 수 있다.

김 교수는 2017년 4월 19일 세무학회와 납세자연합회 공동주최 토론회에서 자본소득 과세 확대와 대기업 법인세 실효세율 상향을 골자로 하는 문재인표 조세정책 윤곽을 밝힌 바 있다. 구체적으로는 산업육성 측면에서 소액주주에 대한 비과세를 없애

주식투자에서 돈을 번 누구라도 세금을 내게 하고, 상가, 토지 등 공시지가의 실거래가 반영률이 낮은 부동산에 대해 아파트 수준으로 반영률을 높인다는 계획이다. 대기업의 경우 R&D 세액공제 폐지 등을 통해 비중립적 혜택을 없앤다는 복안이다.

김현철 서울대 국제대학원 교수

김현철 서울대 국제대학원 교수는 '일본 경제 전문가'다. 서울대 경영학과와 동 대학원을 수료하고, 게이오대에서 박사학위를 받았다. 미국이나 유럽 유학파가 대세인 경영학계에서 이색적으로 일본에서 공부했다. 일본에 있는 동안에는 나고야상대, 츠쿠바대에서 강의하면서

김현철

신일본제철과 토요타자동차, 아사히맥주 등에서 자문·교육을 담당했다. 저서로는《일본 기업, 일본 마케팅》,《사례로 배우는 일본 유통》등이 있다.

김 교수는 문재인 캠프 내 국민성장 추진단장을 맡아 국민성장론을 입안했다. 캠프 합류 전에도 언론 인터뷰와 강연을 통해 법인세 인상 및 부유세 신설, 보편복지론에 대한 비판, 저성장 탈출을 위한 통일론 등을 주장해왔다.

김정호 카이스트 교수

김정호
카이스트
교수는
문재인
캠프
에서 '4차 산업혁명'과 관련된 비전을 만
드는 역할을 담당했다. 서울대를 거쳐 미
국 미시간대에서 박사학위를 받은 후 카
이스트 전자공학과 교수로 부임했다.

김 교수는 카이스트에서 테라랩을 운
영하고 있는데, 이 랩은 민간기관과 함께

김정호

2015년 드론 무선충전 기술을 개발한 바 있다. 당시 드론이 조종
에 따라 자연스럽게 착륙하고 무선충전도 정상적으로 진행되는
모습을 직접 시연했다. 이는 4차 산업혁명과 관련 신기술을 대
중 앞에 선보인 사례로 꼽힌다.

또한 김 교수는 문재인 대통령이 후보 시절 개최한 '국민성장
제4차 토론회'에서 '4차 산업혁명과 과학기술'이란 주제로 발표
를 했다. 앞으로도 이 분야의 조언자로서 문재인 정부에서 적극
적인 역할을 할 것으로 예상된다.

이정우 경북대 명예교수

이정우 경북대 명예교수는 이번 19대 대선에서는 공식적 역
할을 맡지 않았지만 문 대통령이 처음 정치권에 발을 들이고 첫
대선을 치렀던 2012년 당시에 핵심적인 정책 조언자였다.

이 교수는 서울대에서 경제학 학·석사를 마친 후 하버드대에서 경제학 박사학위를 받았다. 그 후 경북대 교수로 재직하다가 참여정부 시기 청와대 정책실장을 지냈고, 18대 대선 때는 민주당 대선 캠프의 정책좌장을 맡아 문 대통령을 도왔다.

이정우

이 명예교수는 대표적인 진보적 경제학자로 불리며 경제민주화와 복지국가를 주장한다. 그는 2017년 3월 한 언론과의 인터뷰에서 "제가 생각하는 경제민주화는 재벌개혁을 포함해서 중소기업·대기업 관계의 정립, 노동민주화, 사회적 경제·협동조합 등을 포괄한다. 나아가 복지국가까지 포함하는 폭넓은 개념으로서 경제민주화를 파악한다"고 밝혔다. 또한 "분배 개선과 자영업자에 대한 대책을 통해 성장을 달성할 수 있다. 이 같은 포용적 성장이 꼭 필요한데, 이명박·박근혜 정부는 철저히 이를 무시하고 멀리해서 경제가 파탄에 이르고 민생이 도탄에 빠졌다. 새 정부는 경제정책 방향을 180도 바꿔 포용적 성장으로 가야 한다"고도 했다.

바람직한
문재인노믹스는

    박근혜 정부 4년의 실정으로 망가진 한국 경제를 살리기 위해 문재인 대통령은 대선 후보 시절 국민에게 수많은 약속을 했다. 하지만 분야별로 문 대통령과는 다른 시각을 가진 경제 전문가들도 많다.

    경제 전문가들의 의견을 모아 문재인노믹스가 진화해야 할 '바람직한 방향'을 정리했다.

[일자리노동개혁] 임금격차 해소 방향 바람직,
근로시간 단축 단계적 접근해야

문재인 대통령은 공공부문 일자리 81만 개를 창출하고 근로시간 단축 등을 통해 50만 개 일자리를 새로 만들겠다고 밝혔다. 아울러 중소기업 임금 수준을 대기업의 80%까지 끌어올려 서로 '상생'할 수 있는 노동시장을 만들겠다고 밝혔다.

이에 대해 전문가들은 근로시간 단축과 임금격차 해소 문제는 바람직한 방향이라고 입을 모은다. 다만 핵심공약인 공공부문 일자리 창출과 관련해선 과도하다는 평이 많다.

우선 근로시간 단축의 경우 이미 재계와 노동계가 총론으로 '합의'를 본 사항이다. 근로시간이 OECD 국가 중 2위에 달할 정도로 장시간 근로가 고착화되면서 가계는 일·가정 양립이 불가능해지고 전체 사회는 낮은 생산성(일과시간에 오히려 빈둥빈둥 놀고 야근하는 사례)에 시름하고 있기 때문이다.

다만 노동계가 주장하는 것처럼 주당 근로시간을 68시간에서 52시간으로 바로 줄여버리면 인력난에 시달리는 중소기업이 더 어려워지고, 종사자 역시 수입이 최대 20% 이상 감소하는 부작용이 나올 수 있다. 노사정위 관계자는 "따라서 사업장 규모별로 단계적으로 접근해 근로시간을 줄이면서 특별연장근로(8시간)을 허용하는 절충안을 2015년 9월 노사정 대타협을 통해 만든

바 있다"면서 "당시 합의안대로 이행해야 한다"고 밝혔다.

중소기업 임금을 대기업의 80%까지 끌어올리는 것도 호평을 받는다. 현재 대기업 임금의 거의 절반까지 중소기업 임금이 떨어지면서 노동시장 이중구조가 고착화되고 있는데, 이를 타개하기 위해선 중소기업 임직원의 임금을 보전해줄 필요가 있다.

이를 위해 최근 전문가들 사이에서 논의되는 것이 이른바 '직무급'이다. 독일의 경우 경영자 협회와 산별노조 등이 서로 머리를 맞대고 직무에 따라 일정액 이상 임금을 지급한다. 가령 건설 노동자도 난이도에 따라 단순 보조공부터 기능공까지 다양하게 있는데 각 업무별로 '임금 표준'을 정하는 식이다. 대기업, 중소기업과 같은 기업규모보다는 업무 난이도에 따라 임금이 정해져서 구직자 모두가 '대기업 바라기'만 할 필요가 없어진다. 또한 인재가 중소기업에도 입사하면서 중소기업 경쟁력을 강화하는 데도 도움이 된다. 노동연구원 관계자는 "독일의 경우 대기업 종사자가 100을 벌면 중소기업 종사자는 최소한 80 이상 번다"면서 "동일노동 동일임금 원칙하에 직무에 따라 임금을 지급하는 구조로 나가야 한다"고 밝혔다.

반면 공공부문 81만 개 일자리 창출에 대해선 부정적인 의견이 더 많다. 4차 산업혁명으로 대변되는 산업계 혁신은 결국 '민간영역'으로부터 나와야 하는데 공공부문을 비대하게 만들면 그만큼 경제혁신을 하기 힘들어지기 때문이다. 더군다나 공공부문의 경우 정년이 보장되면서 동시에 연금까지 줘야 하기 때문에 문 대통령 측에서 말하는 재원(약 21조 원)이 너무 낙관적이라는 지적이다.

오정근 건국대 금융IT학과 특임교수는 "공공부문을 작고 효율적으로 만드는 것이 글로벌 추세인데 81만 개 일자리를 만드는 것은 이에 역행한다"면서 "그보다는 대기업 규제 등을 풀어서 일자리를 보다 많이 만드는 정책이 필요하다"고 밝혔다.

[공정경쟁] 소액주주 권한 강화, 경영권 안정 정책과 병행 검증돼야

공정한 시장경제를 천명한 문재인 대통령은 2012년 대선과 마찬가지로 공정거래위원회의 '전속고발권 폐지'를 공정위 개혁을 위한 공약으로 채택했다. 하지만 전속고발권 폐지가 과연 경제민주화에 긍정적 효과를 가져올 수 있는지를 두고 전문가들 사이에서는 이견이 많다.

공정위 관계자는 "공정위가 심의하는 사건의 80%는 중소기업 간에 벌어진 것인데 전속고발권이 폐지되면 법적 방어력이 떨어지는 중소기업의 영업에 부정적 영향이 우려된다"며 "전면적 폐지보다는 담합 사건 등 일부 분야의 경우 중소기업청에 고발권을 주는 절충안이 현실적일 것"이라고 말했다.

전속고발권 폐지는 대선 과정에서 단독 출마를 위해 당을 박차고 나간 김종인 전 더불어민주당 대표의 아이디어다. 2012년 김 전 대표가 박근혜 전 대통령 캠프에서 경제민주화 공약의 일환으로 채택했지만 법령을 정비하는 과정 중 감사원, 중소기업청 등에 의무고발권을 부여하는 선에서 정리됐다.

조성국 중앙대 법학전문대학원 교수는 "정치권에서 논의되는 전속고발권 폐지는 형사처벌 강화"라면서 "이보다는 소비자가 민사상 손해배상을 보다 원활히 받을 수 있도록 한 징벌적 손해배상제와 집단소송제 도입이 낫다"고 평가했다.

소액주주의 권한을 강화하는 정책을 두고도 논란이 있다. 소액주주가 선량한 개미투자자일 수도 있고 경영권 공격을 목적으로 한 단기 투자자일 수도 있다는 논리다. 이 때문에 정부가 경영권 안정에 대한 대책은 없이 대주주 의결권을 제한하는 대책만 내놓는 것은 무리한 처사라는 목소리가 나온다. 기존 순환출자의 즉각적 해소와 집중투표제, 다중대표소송 등의 주주권 강화 정책이 해외 행동주의 헤지펀드의 경영권 공격을 용이하게 만들 수 있다는 지적이다. 금산분리에 대한 의결권 제한방침도 마찬가지다.

해외에서는 자국 사정에 맞는 다양한 경영권 방어수단을 도입하는 반면 우리는 있는 장벽마저 허물고 있다는 것이다. 신석훈 한국경제연구원 기업연구실장은 "소버린의 SK에 대한 경영권 위협이나 칼 아이칸의 KT&G 경영 간섭 등 예기치 못한 공격을 막을 방패를 기업에도 줘야 한다"며 "어떤 방어수단도 주지 않으면서 순환출자만 해소하라는 것은 우리 기업 경영권을 외국 헤지펀드 등에 무방비하게 내주는 꼴"이라고 말했다.

특히 지주회사의 자회사 지분소유규제 강화는 대기업 지배구조 개편을 늦출 수 있다는 지적이다. 경쟁당국의 한 간부는 "지주회사의 자회사 지분 규정이 미국보다 느슨한 것은 더 많은 기업이 지주회사로 전환토록 유도해 지배구조를 개선하자는 취지가 담겨 있다"며 "원칙에 따라 갑자기 지분규제를 강화할 경우 지주회사 전환의 유인이 사라져 역효과가 발생할 수 있다"고 말했다.

노동자가 경영 의사결정에 직접 참여하는 노동자추천이사제를 사기업에 도입하는 것은 급진적 정책이라는 지적도 나온다. 문 대통령은 공기업을 대상으로 노동자추천이사제를 우선 시행한 다음 4대, 10대 재벌로 늘린다는 계획이다.

재계 관계자는 "주주가 아닌 노동자를 대표하는 이사가 경영에 참여하게 되면 의사결정 속도가 느려질 수 있고 주주의 권익 침해가 발생할 소지도 있다"며 "노동조합, 노동자협의회 등 기존의 노동자 조직을 통한 의견 수렴을 활발하게 하는 방향으로 가는 것이 바람직하다고 본다"고 말했다.

[신산업] 4차 산업혁명 대응, 정부보다는 기업 주도로

　문재인 정부의 산업정책 근간은 '4차 산업혁명'이다. 4차 산업혁명이 글로벌 경제의 핵심 화두로 떠오르면서 문 대통령은 대통령 직속 4차 산업혁명위원회를 중심으로 강력한 드라이브를 걸 예정이다. 문 대통령은 대선 과정에서 여러 차례 언급했듯이 인공지능AI을 중심으로 3D프린터, 로봇, IoT, 빅데이터 등 기술을 융합하기 위한 다양한 산업정책을 쏟아낼 것으로 보인다.

　전문가들은 4차 산업혁명 대응을 위해 원천기술 확보와 함께 규제·제도 개선을 통해 기업 주도 혁신 활성화가 필요하다는 데 목소리를 높이고 있다. 문 대통령이 밝힌 대통령 직속 4차 산업혁명위원회가 주도할 경우 자칫 민간기업의 자율성을 훼손해 순기능보다 역기능이 발생할 수 있다는 지적이다. 이에 대해 문 대통령 측은 "정부가 주도하겠다는 게 아니라 정부가 인프라스트럭처를 구축해 기업 활동을 지원하겠다는 의미"라고 밝힌 바 있다.

　장석인 산업연구원 선임연구위원은 "4차 산업혁명의 중장기적 대응은 정부보다는 기업 주도로 이뤄져야 한다"고 제언했다. 장 연구위원은 "기존 핵심 원천기술 또는 신소재부품 연구개발R&D 위주의 정책 접근은 한계가 있다"며 "규제나 제도 개선을 통한 기업 주도의 혁신을 활성화하고 과감한 사업재편 여건을 조성해야 한다"고 강조했다.

강인수 현대경제연구원장은 "한국은 주력산업 성장세 둔화, 저출산·고령화, 잠재성장률 하락 속에서 4차 산업혁명 준비가 제대로 돼 있지 못한 실정"이라고 꼬집었다. 강 원장은 "한국 경제 시스템의 유연성을 강화해 4차 산업혁명에 대비하기 위한 개방·융합·혁신 생태계를 구축하는 게 시급하다"고 역설했다.

김호원 부산대 석좌교수는 새 정부의 신산업 정책에 대해 장기목표 설정과 일관성 확보가 중요하다고 강조했다. 김 교수는 "기획·집행·평가·피드백의 체계적인 이행점검 체계가 마련돼야 하고, 5년 정권 차원이 아닌 정부 차원의 일관성 유지가 중요하다"며 "이를 대통령 직속 위원회에서 범정부적으로 점검·지원해야 한다"고 말했다.

4차 산업혁명 시대에 걸맞은 새로운 인재 양성도 중요한 국가 이슈로 떠오르고 있다. 이와 함께 고용 정책 변화도 불가피해 보인다.

이주호 한국개발연구원KDI 국제정책대학원 교수는 "4차 산업혁명 시대에는 학생들이 평생 자기주도적으로 학습할 수 있는 역량을 길러주는 교육이 중요하다"며 "주입식·암기식 교육에서 탈피해 프로젝트 학습과 수행평가 같은 새로운 교수학습 방식으로 전환할 필요가 있다"고 제언했다. 김대일 서울대 경제학부 교수는 "자동화 진전으로 중숙련 노동 수요가 감소하고 고숙련

노동 수요가 증가하면서 임금 불평등이 확대될 것"이라며 "현재 한국은 학업성취도가 중간밀집형으로 대체 가능성이 높은 인력을 양산하고 있는데 4차 산업 시대에는 우수한 창의적 인재 양성이 중요하다"고 강조했다.

문 대통령은 주요 지방자치단체를 자율주행차 등 4차 산업혁명의 '테스트 베드'로 삼겠다는 공약을 밝힌 바 있다. 이에 대해 김연성 인하대 경영학과 교수는 "4차 산업혁명 시대 정부의 핵심정책이 투명과 유능, 서비스라면 지자체는 근본적인 경쟁력을 강화하고 신성장동력을 확보하기 위해 노력해야 한다"고 제언했다.

[재정·세제] 증세 불가피하다면 당당하게 논의해야

문재인 대통령은 '씀씀이가 큰 정부'를 선언했다. 일자리 문제가 심각해지는 상황에서 과거처럼 소극적인 재정 계획을 세웠다가는 고용 감소→소비 위축→성장률 저하의 악순환에 빠질 수 있다는 논리다. 그는 "살림이 어렵다고 소극적 재정계획을 세워서는 안 된다는 것이 OECD, IMF 등 국제기구의 권고사항이고 국민들도 공감한다"고 말했다.

문재인 정부는 앞으로 5년간 재정 지출 증가율을 7%로 높여

잡았다. 지난 2016년 박근혜 정부가 세운 중기 재정운용계획 (2016~2020년)상 3.5%보다 증가율을 2배 높여 잡은 것이다. 단순 추산으로만 봐도 2017년 400조 원 예산이 5년 뒤인 2022년에는 562조 원으로 급증한다. 2018~2022년 5년 동안의 누적치로 보면 2016년에 세운 계획보다 242조 원의 예산이 더 투입된다. 당장 '이 많은 돈을 다 어디서 끌어다 쓸 것인가'란 질문이 나온다.

문재인 정부는 5년간 세수 자연증가분으로 58조 원을 조달하고, 부족한 부분은 법인세 실효세율 조정, 정책자금 운용배수 증대, 중복 비효율 사업에 대한 조정 등으로 충당한다는 복안이다.

전문가들은 중복 비효율 사업 조정에 최우선 순위를 둬야 한다고 말한다. 정부 부처 곳곳에 흩어져 있는 일자리 사업이 185개, 창업지원 사업이 62개나 될 정도로 정부 사업 숫자가 너무 많다. 상당수가 유사·중복으로 추정되지만 제대로 된 통폐합이 이뤄진 경우가 없다. 정부 사업의 효율성만 높여도 한 해 수조 원의 예산이 절감될 수 있다는 지적이다. 국책연구기관인 KDI도 "한계 분야에 대한 정부지원 등 비효율적인 재원배분을 우선적으로 조정해 정부지출의 효율성을 제고하는 동시에 시장기능의 회복을 도모해야 한다"고 제언했다.

문제는 갖은 수단을 다 써도 증세가 불가피하다는 점이다. 박근혜 정부도 '증세 없는 복지'를 외쳤지만 결국 비과세·감면 대폭 축소와 담뱃세 인상 등 사실상 증세를 한 바 있다. 박형수 한국조세재정연구원장은 "국가부채가 늘어나지 않게 하면서 재정지출을 연평균 7%씩 높이려면 조세부담률을 매년 0.8%포인트씩 높여야 한다"며 "역대 정부가 조세부담률을 1%포인트대도 올리기 어려웠던 점을 감안하면 상당한 수준의 증세가 필요할 수밖에 없다"고 지적했다.

문 대통령이 "세수가 모자라면 마지막 수단으로 국민적 동의를 얻어 증세한다"고 밝힌 만큼 하루라도 빨리 증세 수단에 대한 논의가 시작돼야 한다는 게 전문가들의 지적이다.

문재인 정부가 보육, 임대주택, 요양 분야 사업을 추진하기 위해 국공채를 발행하는 경우 국민연금이 적극 투자하도록 요청하기로 한 점은 논란거리다. 당초 국민연금이 직접 공공투자를 하자는 '급진적' 안까지 있었지만 국공채 인수라는 합리적인 수준으로 바뀐 것이다. 하지만 국민연금이 적극적인 투자로 수익률을 높이고 분산투자를 통해 기금안정성을 높여야 하는 사명을 갖고 있는데 이 같은 연금 운용의 자율성을 정부가 침해할 수 있다는 비판이 나왔다.

[복지] 국회와 합의해 합리적 정책 선별해 추진해야

문재인 대통령은 대선 기간 전폭적인 복지 공약을 내놨다. 하지만 재원 마련 대책이 빠져 있어 실현 가능성에 의문을 제기하는 비판이 나온다. 전문가들은 나라 곳간을 허무는 복지 공약을 성급하게 추진하기보다는 국회와 대화를 통해 합리적인 수준에서 복지 정책을 도입하는 지혜가 필요하다고 입을 모았다.

2017년 3월 30일 〈매일경제〉와 한반도선진화재단이 대선후보 정책평가 설문을 실시했을 때 문재인 대통령은 복지와 국방예산을 모두 늘리겠다는 입장을 밝혔다. 역대 정부 누구도 실현하지 못한 '두 마리 토끼'를 잡겠다는 얘기였다.

문 대통령은 "저출산, 고령화, 양극화는 한국 경제에 심각한 위협"이라며 "복지예산을 확충해야 한다"고 말했다. 박재완 한반도선진화재단 이사장은 "이미 도입된 복지정책을 유지하는 것만 해도 복지예산은 계속 늘어야 하는데 재원 조달에는 답하지 않고 있다"고 꼬집었다.

'복지 포퓰리즘'에 매몰되다보니 전 국민의 노후 종잣돈인 국민연금을 대하는 시각도 이중적이다. 문 대통령은 '더 내고 덜 받는 연금개혁'에 반대했다. 그가 청와대에 있었던 노무현 정부 때 '더 내고 덜 받는' 방향으로 연금 개편이 이뤄졌지만 그는 소득대체율을 더 높이는 방향으로 얘기했다. 문 대통령은 "국민연금의 실질 소득대체율은 현재 24%로 2015년 기준 월 49만 원에 불과하다"며 "지금도 노후소득 보장이 어렵기 때문에 혜택을 줄여선 안 된다"고 밝혔다. 전병목 한국조세재정연구원 본부장은

"국민연금 수급액을 인상하면 재원 고갈 시점이 앞당겨져 국민연금의 신뢰성에 타격을 입힐 수 있다"며 "결국 국민연금에 대한 부정적 인식이 확산돼 기금 가입자 감소로 이어질 수 있다"고 지적했다.

만 3~5세 유아를 대상으로 어린이집과 유치원 비용을 지원하는 누리과정은 2016년 전국에서 '보육대란'을 불러왔을 만큼 재정부담을 놓고 정부와 지방자치단체가 첨예하게 대립하는 사안이었다. 문 대통령은 "누리과정을 포함한 영유아 보육과 교육은 정부가 책임지겠다"며 "유아교육지원특별회계법에 의한 일반회계 전입금을 충분히 늘려 예산 부족 사태를 막겠다"고 밝혔다. 문 대통령은 이 밖에도 기초연금 인상, 출산휴가·육아휴직 급여 인상, 치매국가책임제, 아동수당 도입 등 막대한 예산이 필요한 정책을 추진하겠다고 밝혔다.

전문가들은 저출산·고령화로 재정 지출이 빠르게 증가할 수 있는 만큼 재원 마련에 대한 논의와 사회적 공감대가 필요하다고 강조했다. 특히 페이고Pay-go 원칙이 포함된 재정건전화법을 조속히 국회가 처리해야 한다는 목소리가 높다. 페이고 원칙은 의무지출 정책을 추진하기 위해 새로운 법을 만들 때에는 필요한 세입 등 재원조달 방안도 동시에 입법하도록 의무화하는 원칙이다. 2016년 10월 박근혜 정부는 페이고 원칙이 포함된 재정건전화법을 국회에 제출했으나 차일피일 미뤄지고 있는 상태

다. 박 이사장은 "무상급식 등에서 볼 수 있듯이 복지지출은 일
단 한 번 만들어지면 줄이거나 없애기가 힘들다"며 "지금이라도
페이고 원칙을 분명하게 설정해놔야만 이후 균형재정 원칙을
지킬 수 있을 것"이라고 말했다.

[가계부채] 소득, 주택, 복지 아우르는
범정부 가계부채 대책 패키지 나와야

경제 전문가들은 문재인 정부에 금융정책뿐만 아니라 소득정
책, 주택정책, 복지정책 등을 아우르는 범정부 차원의 가계부채
대책 종합 패키지를 주문했다.

신성환 한국금융연구원장은 "가계부채 문제는 소득이 늘어야
부작용 없이 해소될 수 있다는 점에서 총량에 초점을 맞추어 단
기간에 해결하려 하면 가계부채 문제가 오히려 악화될 수 있다"
고 지적했다. 가계의 급격한 디레버리징(부채 줄이기)은 민간소비
와 주택시장에 부정적인 영향을 줄 것이란 이유다.

현대경제연구원은 그동안 소비 증가 요인으로 작용하던 가계
부채가 소비를 제약하면서 2017년 소비 증가율을 0.63%포인트
감소시킬 것이라고 밝혔다. 이에 2016년 3분기까지 전년 동기
대비 2.7%였던 소비 증가율이 2017년 2.0%에 그칠 전망이다.

신 원장은 "우선적으로 부채상환능력이 취약한 저소득층, 다중채무자, 자영업자 등 한계가구가 부채상환능력을 최대한 유지할 수 있도록 하는 정책을 마련하고, 이들이 파산하는 경우 금융원칙을 최대한 훼손하지 않으며 구제해줄 수 있도록 서민금융제도와 개인채무자 구제제도를 개선하는 것이 필요하다"고 강조했다.

또 LTV·DTI 규제 강화 또한 주택시장에 미치는 부작용을 감안해 시행될 필요가 있다고 밝혔다. 신 원장은 "최근 주택시장 불안 가능성이 커진 상황에서 LTV·DTI 규제를 강화하면 주택시장 경착륙 리스크를 더욱 높일 가능성이 크다. 또 과도한 차입 억제는 소비를 급격히 줄여 내수 부진을 더욱 심화시킬 가능성이 있다"고 지적했다.

미국 연방준비제도Fed가 금리인상 가속화에 나서면서 취약차주에 대한 보호를 강화해야 된다는 주장도 공감대를 이뤘다. 김천구 현대경제연구원 연구위원은 "시중금리 상승을 우려해 이미 금융당국이 가계부채 대출규제를 강화한 데 이어 미 기준금리 인상까지 겹치면서 시장금리는 한동안 오를 것"이라며 "(미국 금리 인상에 따른) 외국인 자금 유출 가능성에 따라 국내 금리가 기준금리 추이와 무관하게 올라가는 측면 역시 감안해야 한다"고 진단했다.

특히 우려되는 것은 가계부채 한계가구다. 한계가구는 금융자산보다 금융부채가 많으면서 처분 가능한 소득 중 DSR이 40%를 초과하는 가구다. 400조 원에 육박하는 한계가구 대출 중 70% 이상이 실질적으로 상환 능력이 없는 것으로 추정된다. 임진 금융연구원 연구위원은 "이자 부담 감소 등 가계부채 지원책은 위기에 처한 가계부터 순차적으로 이뤄져야 한다"고 밝혔다.

최배근 건국대 교수는 "금융기관은 담보로 잡은 주택 등 손실 가능성이 적은 반면 가계는 부동산 가격 폭락이나 금리 급등 위험에 고스란히 노출돼 있다"면서 "그중에서도 일자리가 없고 안정적 소득을 갖추지 못한 상태에서 주택담보대출을 받은 저소득층이나 자영업자들이 위험하다"고 지적했다. 이어 "부실채권이 대부업체로 넘어가면 신용도 하락과 함께 가혹한 추심으로 경제적 자활이 불가능하다"며 "금리 상승과 부동산 가격 하락이라는 최악의 상황이 현실화할 경우를 상정해서 한계가구 부채 감축 등 정부 차원의 위기 대응 시나리오도 준비해야 한다"고 밝혔다.

나라다운 나라를 위한 문재인 정부 5년의 약속

문재인노믹스

초판 1쇄 2017년 5월 25일

지은이 매일경제 경제부
펴낸이 전호림
책임편집 권병규 강현호
마케팅 민안기 강동균 박태규 김혜원

펴낸곳 매경출판㈜
등 록 2003년 4월 24일(No. 2-3759)
주 소 (04557) 서울시 중구 충무로 2(필동1가) 매일경제 별관 2층 매경출판㈜
홈페이지 www.mkbook.co.kr **페이스북** facebook.com/maekyung1
전 화 02)2000-2640(기획편집) 02)2000-2636(마케팅) 02)2000-2606(구입 문의)
팩 스 02)2000-2609 **이메일** publish@mk.co.kr
인쇄 · 제본 ㈜M-print 031)8071-0961
ISBN 979-11-5542-668-5(03320)